JN252922

新 だしの本

毎日のだしから、めんつゆ、濃縮だしまで

Michiko CHIBA
千葉道子

農文協

和風料理の即戦力～ 10分強でできる本格ストレートめんつゆ

　そば、天ぷらのつけつゆ、揚げだしをはじめ、煮もの、煮魚、鍋ものなど和食全般に広く使え、初心者でも味がブレずに、かつそのまま使える、とても便利なストレートめんつゆです。お好みでパスタや炒めものにもOK。

＜かつおぶし、昆布、干ししいたけ＞と、＜水、しょうゆ、みりん＞を一緒に鍋に入れて10分おき、弱火で3～4分煮出すだけ。

●でき上がり約 500mℓ分

かつおぶし（花かつお）25g

昆布 15g、干ししいたけ2枚

水 400mℓ

しょうゆ 100mℓ

みりん 100mℓ

たった3ステップでつくれる本格めんつゆ

①前ページの材料を鍋に入れて10分おく

鍋は直径18cmのものがよい

②弱火で3～4分煮出す

液面が軽くふつふつと沸くように静かに煮出す

③ボウルにこして

こし網にキッチンペーパー（できればネル状のものがよい）を敷いてこしとる。ペーパーを強く押すと雑味が出るので、だしが自然に落ちるまで待つ

④でき上がり

冷蔵庫で夏は1週間、冬は10日ほどもつ。ふたのできるビンやポットに入れて冷蔵庫に入れる

このつゆを使った料理例

◆野菜の素揚げのめんつゆマリネ

衣はつけないので、簡単かつ素材の味そのものを味わえます。

にんじん、レンコン、ブロッコリー、たまねぎ、なす、グリーンアスパラガス、かぼちゃ、パプリカ、しいたけ、しめじ、などなど、季節の野菜やきのこ類を170℃くらいの揚げ油で素揚げして器に入れ、めんつゆを適量かける

◆お気に召したら2倍量つくる（でき上がり約1ℓ）

いろいろな料理にそのまま使って安心でおいしい、使い勝手がいいと思ったら、倍の量のストレートめんつゆをつくります。

鍋ものに使うとき、あるいは各種料理にひんぱんに使いたいときに便利です。

◆使い切れないときは冷凍保存もOK

このめんつゆは冷凍保存もできます。
冷凍用の密封容器やファスナー付きの保存袋に入れて冷凍庫で保存。
使うときは自然解凍または容器ごと流水をかけて解凍します。

◆1番だしのだしがらでつくる2番だしもおいしい！

1番だしのだしがらには旨みが残ってるので、2番だしを取りましょう。お吸いものや茶碗むし、お茶漬けにそのまま使えるつゆになります。

だしがらに400mℓの水を加え、強火でひと煮立ちさせ、1番だしのときと同様にこしてでき上がり

◆手づくりのストレートめんつゆだからこそ、だしがらも食べる

だしがらは＜昆布としいたけ＞と＜かつおぶし＞に分けて冷凍保存します。

昆布としいたけは煮ものの具にしたり、佃煮にも最適。かつおぶしはふりかけなどに利用できます。

みそ汁の味をひとランクアップ

具によってみそとだしを変えてみる

例えば大根と油揚げの具には昆布＋煮干し＆淡色みそがおいしい

①鍋に水、昆布、煮干しを入れ煮立ったら昆布を引き上げる

②さらに7～8分煮てから網じゃくしで煮干しを引き上げる

③大根と油あげを入れ5分くらい煮て

④みそをとき入れ、グラッときたら火を止めてでき上がり

例えばしじみのみそ汁のときは昆布＋かつおぶしに赤だしみそが合う

①初め昆布としじみを入れ、煮立ってしじみの口があいたら昆布を引き上げ、しじみは人数分のおわんに取る

②つぎにかつおぶしを入れ

③煮立ったらみそをとき入れて再びひと煮立ちしたら火を止めてかつおぶしをこす

④こしたみそ汁をさっとあたためて、しじみを入れたおわんに入れてでき上がり

関東風濃縮だしのつくり方（72ページ）

5分でできて1週間分使えるまったりとした味

①材料はこい口しょうゆ600㎖、さとう100g、酒100㎖、削りぶし30g、昆布5㎝角2枚

②材料を全部鍋に入れて中火にかけ、煮立ったら弱めの中火でさらに2分強煮る

③ペーパータオルやさらしでこして

④でき上がり

＊だしがらは2番だし、さらに佃煮に　（73ページ）

関東風濃縮だしをいかした料理

金目鯛の煮つけ（75ページ）

鶏の鍋照り（75ページ）

牛肉・なす・きゅうりのピリ辛炒り煮（98ページ）

天つゆ（80ページ）

関西風濃縮だしのつくり方（104ページ）

うす味、うすい色に仕上げたい料理に

①材料はうす口しょうゆ1カップ、みりん150㎖、酒1.5カップ、さとう大さじ2、昆布20g、かつお削りぶし50～60g、干ししいたけ5～6個、塩大さじ1

②材料を全部鍋に入れ弱めの中火にかけ、煮立ったらさらに5分煮出す

③ペーパータオルやさらしなどでこして

④でき上がり

＊だしがらは2番だしに（104ページ）

関西風濃縮だしをいかした料理

小柱ごはん（122ページ）

だし巻きたまご（123ページ）

素うどん（108ページ）

かぶと鶏団子の煮もの（126ページ）

かつおぶし（花かつお）、干ししいたけ、真昆布、
利尻昆布、羅臼昆布、日高昆布、大豆

はじめに

二〇一三年十二月、和食は「ユネスコ無形文化遺産」に登録されて、以来とみにその人気が高まっているのを感じます。

一方で、若い人に限らず、和食はむずかしいとはよく聞くところです。

和食の調理法をざっと挙げると、汁ものにはじまり、煮もの、焼きもの、蒸しもの、酢のもの、さしみ、ごはんもの、鍋、めん類など。実は以上の調理法は全て「だし」を用いているもの。つまりだしは日本料理全般の土台であり基本なのです。

だしは、素材の種類も引き方（とり方）もいろいろですが、きちんと引いただしでつくる汁は味わい深く、誰しも、しみじみおいしいと感じるものです。

とくに代表されるだしといえば、昆布（グルタミン酸）とかつおぶし（イノシン酸）の合わせだし。二つ合わせて用いることで、うまみが七〜八倍にもなるといわれています。本書では新たに干ししいたけ（グアニル酸）を加えて、うまみアップしたつゆを紹介しております。

このように素晴らしいだしですが、最近の新聞によると、三〇代以下の若い世代では、だしをとったことがない人が四割もいるとか。和食ばなれの食生活と関連しているように思えてなりません。もともと、料亭を基準とするだしと家庭のだしは異なる面があるとはいえ、和食を愛するならば、避けて通れない共通のテーマです。

パリでは、ミシュランの星付き料理人が昆布とかつおぶしのだしを研究して自分のレシピを考案して料理に活かしているそうです。本書の前身『だしの本』を世に出させていただいた四半世紀前には考えられなかったことです。海外を食べ歩くたびに、日本の料理を知ってもらう入口は、まず一番だしでつくるお吸いものではないかと常に思っていたものです。

さて、四半世紀前といえば、女性の社会進出も盛んとなり、働く主婦もぐんと増え、料理の時短が言われ始めていました。

そんな折に思いついたのが、和食を手離さずに親しむ近道としての、私なりのめんつゆ活用法です。本書では日本料理全般に使いまわせるように、基本のだしの取り方はもとより、保存のきく二種類の濃縮だしのつくりおきを提案しております。これらは、いずれも適宜、水で割って使うものです。関東風はすでにあるそばつゆの「かえし」をヒントにしたもので、関西風は全くのオリジナルで苦心の作です。料理によっては関東風、関西風とも濃淡自在に味つけを楽しんでいただければよいでしょう。

また、本書「新だしの本」では新たに、ストレートタイプのつゆも紹介しております。

ストレートタイプは、水で割らないぶん、だしの風味が効いており、フレッシュ感もあります。ソバのつけ汁に当ると思えばよく、天ぷらや揚げだしなどにそのまま使える即戦力となります。また、煮ものや煮魚、鍋ものなど和食全般に広く使えます。

濃縮・ストレートとも、つゆを使いこなしていくうちに、だしの存在・和食の仕組みがのみこめるようになればしめたものです。

今や洋風・中華・エスニックなどでも自在に使い回せる汎用性が人気の的になっているようです。本書を参考にさまざまなだしに触れ、知ったうえで、手づくりめんつゆに親しんでみましょう。苦手と思っていた和食づくりの道しるべとなれば幸いです。

最後になりましたが㈱にんべん様にはかつおぶしのご指導や写真撮影にご協力をいただきまして、この場を借りて厚くお礼を申し上げます。

二〇一八年三月

千葉　道子

目次

II章 うまさアップ みそ汁とお吸いもののだし

──「だし以前」のひと工夫から本格だしまで

Ⅲ章 万能濃縮だしで和風料理が得意技（わざ）……69

口絵カラー写真
高木あつ子（1～4、8ページ）
小倉隆人（5～7ページ）
本文写真
小倉隆人
協力
㈱にんべん
大文字
本文イラスト
まつもと　きなこ
浅野輝雄

序章

だしのある暮らしの設計図

何はなくてもこれだけあれば＊基本のだし素材

♥常備したい削りぶし・煮干し・干ししいたけ・昆布

14世紀から16世紀にかけてイタリアを中心におこった文芸や美術の復興運動＝ルネッサンスには、古典を見直し、そこから新たな文化の生命を創造しようという意図もあったといわれています。なんだかこじつけのように聞こえるかもしれませんが、これを和食、だしに当てはめるとそのまま、この本のテーマになってしまいます。

私の教室で和食を習っていただく方には、まずごはんと汁から始めていただいております。汁ができれば、その汁の応用編ともいえる煮ものなど他の調理法へとレベルアップしていくことができるのです。

和食は白飯の他はほとんどのものにだし汁を使っていますので、だしの基本をマスターしないわけにはいきません。逆にいえばだしを知れば和食がわかるということになります。

そのためにはまずだし素材を知ること。何からだしをとるのか（以下、「だしを引く」といいます）、どのようにしてだしを引くのか、それを知っていただく必要があります。

それではまず、最も代表的といえる素材、削りぶし、煮干し、干ししいたけ、昆布を手元にご用意ください。選び方、保管の仕方などはⅠ章で詳しく述べます。

一番わかりやすいだしというのは、お浸しに削りぶしをかけるだけのもの。お浸しは、だし、または水で割ったしょうゆのベース（地）に浸すのでお浸しといいます。しょうゆ

をかけるだけでは塩辛くて味気ないものですが、これに削りぶしをかけるだけでも、ガラリと味が変わります。かつおぶしのうまみを添加することによって塩分が丸くなって角がとれ、栄養的にもバランスがよくなるので、おいしいと感じるのです。

これなどはホンの即席で急場しのぎに近いのですが、レッスンが進むともっとおいしい、洗練されたレベルの味を生み出すことができるようになります。

♥だしを引く以前のだし利用

大根やかぶの葉をさっとゆでて油で炒め、おかかとごまをまぶす。れんこんやこんにゃくをだしなしで煮こんで仕上げにおかかをまぶす、などというのも立派なだしを使った料理です。中国料理に使うためにもどした干ししいたけのつけ汁をそうめんつゆのベースにまぜたり、みそ汁に入れたりなど、だしを引く以前のだし利用の身近な例は枚挙にいとまがありません。

私がよくつくるじゃがいもの粉ふき風煮ものは、小さめのだしじゃこ（ふつうの煮干しなら頭とワタをとりのぞく）を丸ごとと、皮をむいたじゃがいもの大切りに半分くらいの水を入れ火にかけ、塩味、うす口しょうゆ、さとう少々を入れ、ふたをして弱めの中火でむし煮にするだけです（ちなみにこういうむし煮の調理法はインド、韓国などにありま す）。だしじゃこはさっとから炒りすると生臭みもとれますが、そのままでも大丈夫です。じゃこもやわらかくなって海の幸、山の幸でなかなかの出会いもの（相性のよい材料）といえます（Ⅲ章「電子レンジでつくる煮もの」参照）。

だしのなかでも昆布は少しむずかしいのですが、10㎝角のものを何枚かつくっておき、使うときは前夜あたりから水につけておいて、こはく色になったら上ずみを使う鍋に静かにあけて、煮干しのだしとまぜてみそ汁などに入れます。昆布と削りぶしでだしを引くときは昆布を引きあげるタイミングがめんどうですが、この方法だと手間がいらず便利です。夏場は水につけて冷蔵庫に入れておきます。

毎日とりたいみそ汁・吸いもののだしも手間じゃない

前項でだし素材に慣れていただきましたが、昆布と煮干しのみそ汁、煮干しだけのみそ汁、昆布と削りぶしのみそ汁、削りぶしだけのみそ汁、干ししいたけの汁と煮干しのみそ汁など、組み合わせ自在で楽しめます。

たとえば一番簡単なのは削りぶしのだし汁です。朝はポットのお湯を利用すると早くて便利です。すぐ煮立つので、すかさず分量の削りぶしを入れ、再び煮立ったら、あみじゃくしですくいとります。ここに具を入れて（早いのは豆腐とみつばをきざむだけ）みそをとき入れてグラリときたら、できあがり。10分もかかりません。

削りぶしのだしなら毎日とりたいところ。冷蔵庫にチルドルームがあれば、前夜、夕食の片づけの折に引いておいて入れておくというのも一案です。

ポットのお湯で削りぶしのだしを引くという方法は早くて重宝ですが、お吸いものの場合は少し味が足りないので、昆布との相乗効果を期待したいものです。先の昆布だしがあればそれとまぜて使うことも可能です。

時間のあるときに煮干しのだしの引き方を慎重にレッスンしてみて、上手にできたら煮干しのだし（昆布だしとミックスも可）でお吸いものもつくりましょう。煮干しがあまり

にも新鮮でみごとな封切りのときには見逃す手はありません。実行、実行。

以上のだしを引くには、はじめから終わりまででも、せいぜい15分くらいです。中国料理や西洋料理の1時間くらいかかる煮だし汁から考えると、ウソみたいです。

1回10分、週2回の簡単「濃縮だし」で料理はOK

♥ベースをつくって料理全般に使いまわす

では、和食全般にどんなふうに、どんなだしを使いまわすのか、味つけをどのようにしたらいいのでしょう。

ここでおすすめしたいのは、これさえあればという万能だしです。つくり方はIII章に述べましたが、これは味つけに困らないようにしょうゆ味、さとうを加えてありますので、これをベースに、あとは自在にうすめたり他の調味料を加えるだけで十分です。

III章ではじめにレッスンする関東風は、コツとしては「しょうゆ」扱いをして使いまわすと便利です。しょうゆ、さとう、昆布、削りぶし、蒸発分を見込んで加える酒のすべてを鍋に入れて煮立て、3~5分煮てこすだけです。このだしガラに水を入れれば二番だしまでとれてしまうので、その時間を入れても全部でたかだか10分です。冷蔵庫で1カ月は保存できますので、濃縮つゆといって特別視せず、しょうゆ味のだしと思って、今までしょうゆを入れて調理していたあらゆる料理(中心はやはり和食)に使いまわしてみてください。

手はじめに3倍くらいにうすめて、そばのつけ汁にしてみる、8倍くらいにうすめてうどんのかけつゆにしてみるなどの他、同量のみりん、半量のさとう、酒を入れて照り焼きのタレにしてみるなど、まずは実践、実践。どんな料理にも使え、次々と料理ができていくので、なんだか味つけ名人になったようで、ワクワクしてきます。週に1回このベースをつくるだけで和食レッスンは十分に順調に進むことでしょう。

この本ではさらに私の苦心の作、関西風濃縮だしもIII章で紹介しますので、うすい色の料理の味つけにご利用ください。こちらは色がうすく塩気中心の分だけ昆布、削りぶしにさらに干ししいたけも加え、濃いだしを引くためにだし素材の量をふやしています。

なお、右の水で薄めて使う濃縮だしとはちがう、本格ストレートめんつゆも口絵カラーページで紹介しました。様々な和食やパスタ、炒めものなどにもストレートで使うものです。これも10数分でできます。ぜひつくってみてください。

私のレシピはあくまでも基地（ベース）です。この基地から皆さんが自由自在に出発していただければ、私の幸せとするところです。

I章

これもだし、あれもだし、身近な食べもののうまさを使いこなす

――各種だし素材の特徴と上手な選び方、使い方

♥うまみのあるものは、すべてだし

日本料理の調理の基本は、まず良いだしを引くことである、とはよくいわれることです。この場合、多くは昆布とかつおぶしからとっただしを指しています。

しかし、私たちの食の周辺を見まわしますと、このほかにもいろいろなだしがあることに気がつきます。

かつおぶしの他にさばぶし、宗田ぶしなどの雑ぶしがあり、煮干し（地方によっては焼干し）の類もあります。ごく身近な干ししいたけ、かんぴょう、大豆などで引く精進だし、魚のアラから引くだし、おなじみの鶏ガラのだしなどなど、ちょっとあげてもすぐ十指に及ぶほどです。

他にベーコン、スペアリブ、油揚げなど脂肪の多いだし、野菜のうまみを抽出するだし、市販のだし、つゆに至るまで、これもあれもみんなだしなのです。

これらの身近なだし素材の性質、性格を知って使いこなすことが、美味求真につながります。そして「知る」ことは「手抜き上手」になることでもあります。ここは絶対省くことができない、ここはちょっと省略、などと判断できるようになるのです。

日頃から、食料品店に出かけたら、このあとにご紹介するだし素材をよく観察してみてください。ウインドーショッピング、マーケティング、ウォッチング、この三つの姿勢でだし素材とおつき合いしましょう。

予備知識があれば、準備万端というわけです。

1
かつおぶし

かつおぶしというと削りぶしのことを指すかのように、ふしを使わなくなりました。かつおぶしはマガツオの加工品で、干しがつおであったところから「堅魚」とも書きました。古くは保存食で、戦国時代は武士の貴重な兵糧（ひょうろう）であったとされます。

その頃は煮熟したものを干しただけであったのが、元禄前の延宝年間（一六七三～八一）に、現在のようなカビつけ法が発見されたといわれます。〝かつお〟とは勝つ男、しかるに勝男武士に通じるというので、縁起のよい贈答品として喜ばれるようになったそうです。

今もなお、お祝い用品として健在ですが、家庭で箱型のカンナのような削り器で削るなどという光景は珍しいことになりました。

♥形、製法、部分によって種類はさまざま

形から分類すると本ぶしと亀ぶしに分けられます。

本ぶしはかつおを三枚におろし、片身をさらに半分に血

かつおぶし（本ぶし）〔㈱にんべん 提供〕

合骨に添って縦割りにしたものをむしたあと、いぶしながら乾燥させたものです。こうして1尾から4本のふしをとりますが、背側のほうを雄ぶしといい、味は淡白ですまし汁のだしに使います。腹側は雌ぶしと呼び、味は濃厚です。

亀ぶしは小さいかつおを三枚におろした片身を使って2本のふしにしたものです。本ぶしとちがって血合も入っており、風味は落ちますが、家庭では使いやすい素材です。

また製法から、荒ぶし（鬼ぶしともいう）と枯ぶしに分けられます。本書では濃縮だしを関東、関西の2本の柱立てにしましたので、ご参考までにこの製法をご紹介しましょう。

荒ぶしはおろしたかつおをむしてなまりぶしをつくり、焙乾をくり返したものです。

枯ぶしは荒ぶしをさらに天日乾燥して、表面についたタール分や脂を削って、青カビをつけては天日で乾かして、風味を加えたものです。お料理屋さんの話によると、関東では主に枯ぶしが使われ、香りよりもカビの作用で生じるうまみを評価し、関西とくに大阪では、うまみよりも香りをいかすために荒ぶしを使うということです。

お椀などの吸いもののだしは枯ぶしが使われることが多く、血合ぬきのふしを使っています。

♥乾燥したものを選び、湿気を避けて保存

良質のかつおぶしはよく乾燥していて、2本打ち合わせるとカンカンと固い音がします。よくないものは音が鈍くてさえません。大きさのわりに軽いものや音のよくないものは中が割れていたり、虫食いがあったりするので避けます。

また灰白色のカビは良質のもので、脂肪の強いときは黄色いカビ、緑色っぽいものは焙乾が足りなくて水分が残っているなど、覚えておくと選ぶときのめやすになります。

扱い方は、湿気を避けることが鉄則です。虫がつかないように冷暗所に保存しますが、ラップをして冷蔵庫に入れておくのが安全です。万一、虫がついたら、日に干しますが、油やけしないように気をつけます。

♥かつおぶしを引いてみる

箱型削り器で手がきに挑戦する場合の注意事項は次のとおりです。
(1) 使いはじめは乾いたふきんでふいて表面の汚れやカビをとりのぞく。
(2) 削り器のカンナの刃を合わせておき、刃の方向を手

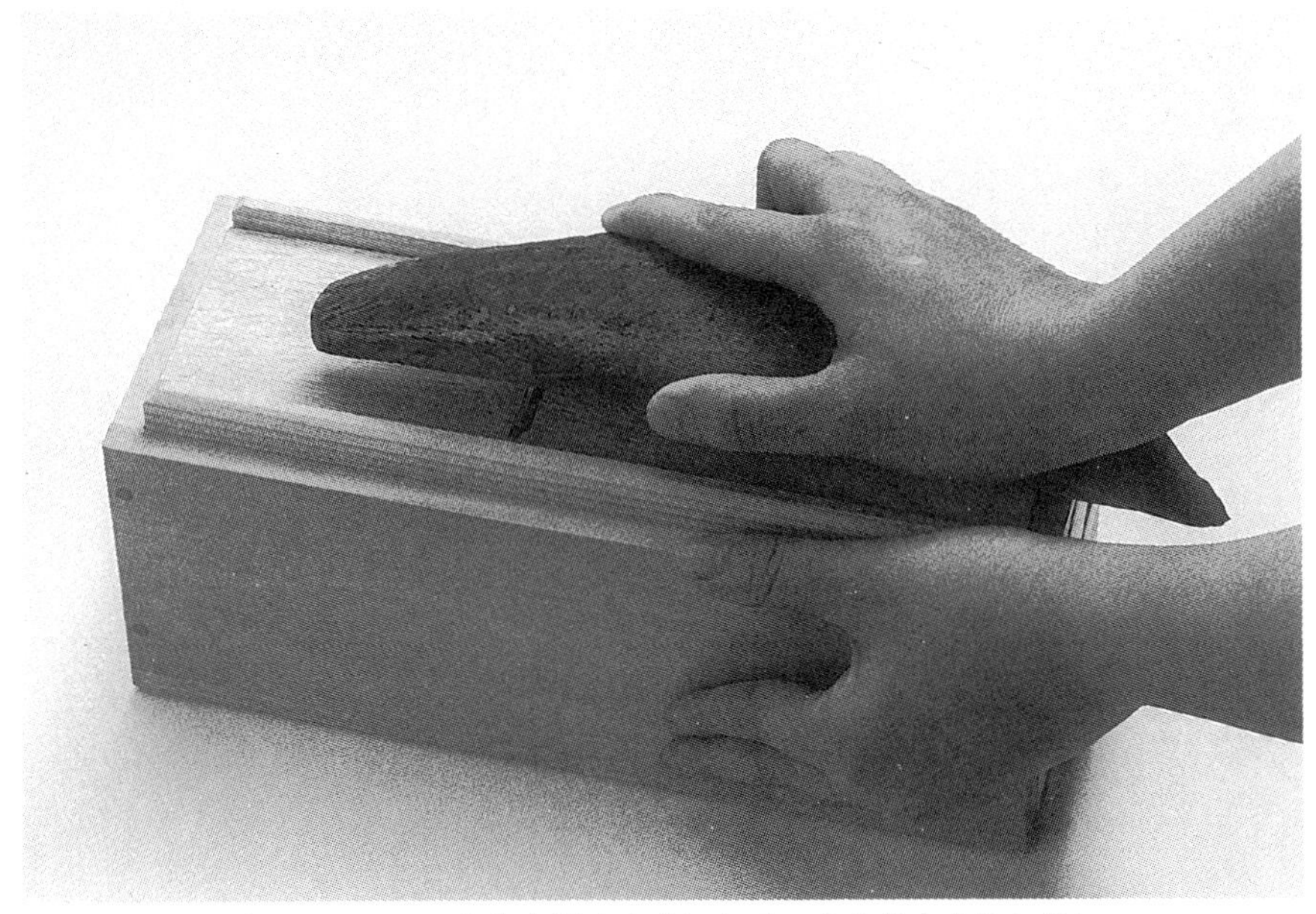

手のひらでふし全体を押すようにして，あまり力を入れない
〔㈱にんべん 提供〕

でき上がり

前に向けて前にかつおぶしを突き出すようにし、あまり力を入れないで、手の平でふし全体を押して、おさえるような気持ちで突く。

(3) 刃の調整が悪いと粉になったり、厚すぎたりする。かつおぶしの身の木目をよく見て突くこと。

(4) 必要量だけ削らないと、風味を欠くばかりでなく酸化が早いため、味を損ねることになり不経済である。

以上の点をもう一度チェックしていただくとお気づきになると思いますが、(2)のカンナの調整などはなかなかむずかしく、これは慣れるしかありません。また(4)は、この頃の生活スタイルのなかで欠落せざるを得ないのかもしれませんが、今の世のなか、おいしいものを食べたい人がワンサといるということなのに、実行が伴わないのは魔可不思議と思うのは私だけでしょうか。

♥毎日の料理に手軽な削りぶし

本ぶし愛用時代からみますと、当節は削りぶし全盛時代のように見受けられます。スーパーの特売でも、贈答品でも、小袋に入った削りぶしはけっこう目につきます。

毎日のおそうざいや汁ものにはたいへん手軽な食材です。本ぶしはとてもめんどうでという方にはおおいにおすすめします。

目の前で削って売っている専門店もありますが、ほとんどは袋入りの製品です。JASマークのついた信用あるメーカーのものを選び、よく売れている店で製造年月日の新しいものを求めます。

袋入りは4人家族が1回で使いきる量、またはせいぜい2回分ぐらいの量になっています。中袋などは一度に使いきり、残さないことです。万一残ったらとりあえず冷凍庫に入れますが、早く使いきること。長くおくと、酸化や異臭が移るなどで味を損ねます。メーカーによってはひとつかみ8g、1回4人分などという使用量の表示もありますが、私はおかまいなしに多く使用しています。

♥こす手間が省けるティーパックスタイル

だし調味料という品名で売られている、紅茶のティーパックとよく似たスタイルのものです。かつおぶしとかつおぶし・こんぶの2種類があり、かつおぶしは粉末を使用しています。原材料の中身はかつお削りぶしの他にさとう、食塩、しょうゆ、アミノ酸、酸味料など含まれていると表示されており、加工品とみてよいでしょう。

使用方法をきちんと守ると急場をしのぐときに、まずは

同じです。

無難にかつお風味のだしがとれるわけです。メリットはこす手間が省けるという点にあり、紅茶のパックとまったく同じです。

あくまでも急場しのぎで、コクと香りの点でいま一つ満足しない方も多いと思います。私も時折使いますが、他のうまみがでるものとジョイントさせるほうがよいと思います。寄せ鍋、おでん、きんぴら、炊きこみごはんなど、他のだし汁と合わせる、主材料のうまみの補助に使うには重宝すると思います。

ちなみに表示には、みそ汁・煮もの用には「かつおぶし」、お吸いもの・鍋料理には「かつおぶし・こんぶ」と製品を使いわける説明書がありました。

2 煮干し

♥おそうざいのだしの代表

かたくちいわし、まいわしの稚魚を塩水で煮て、天日または人工乾燥したものですが、他にあじ、さんまなどもあります。

上等なお吸いものなどには向きませんが、おそうざい用のだしとして広く用いられてきました。上質のもので上手にだしを引くと、かつおぶしに劣らないうまいだしができあがるのですが、今日、この上質の煮干しを求めるのが難儀です。上質な煮干しとは、小ぶりで背が黒色をし、全体が青味を帯びた銀白色で、いわゆる青びかりしていてつややかであるものです。

おなかがしまっていて、よく乾燥しており、表面がかっ色でないもの、形はおなかのほうに「へ」の字になっているものを選びます。この逆の状態のものは加工するときの魚の鮮度がよくないということになります。

買い求めたら早く使いきることですが、残ったら冷蔵ま

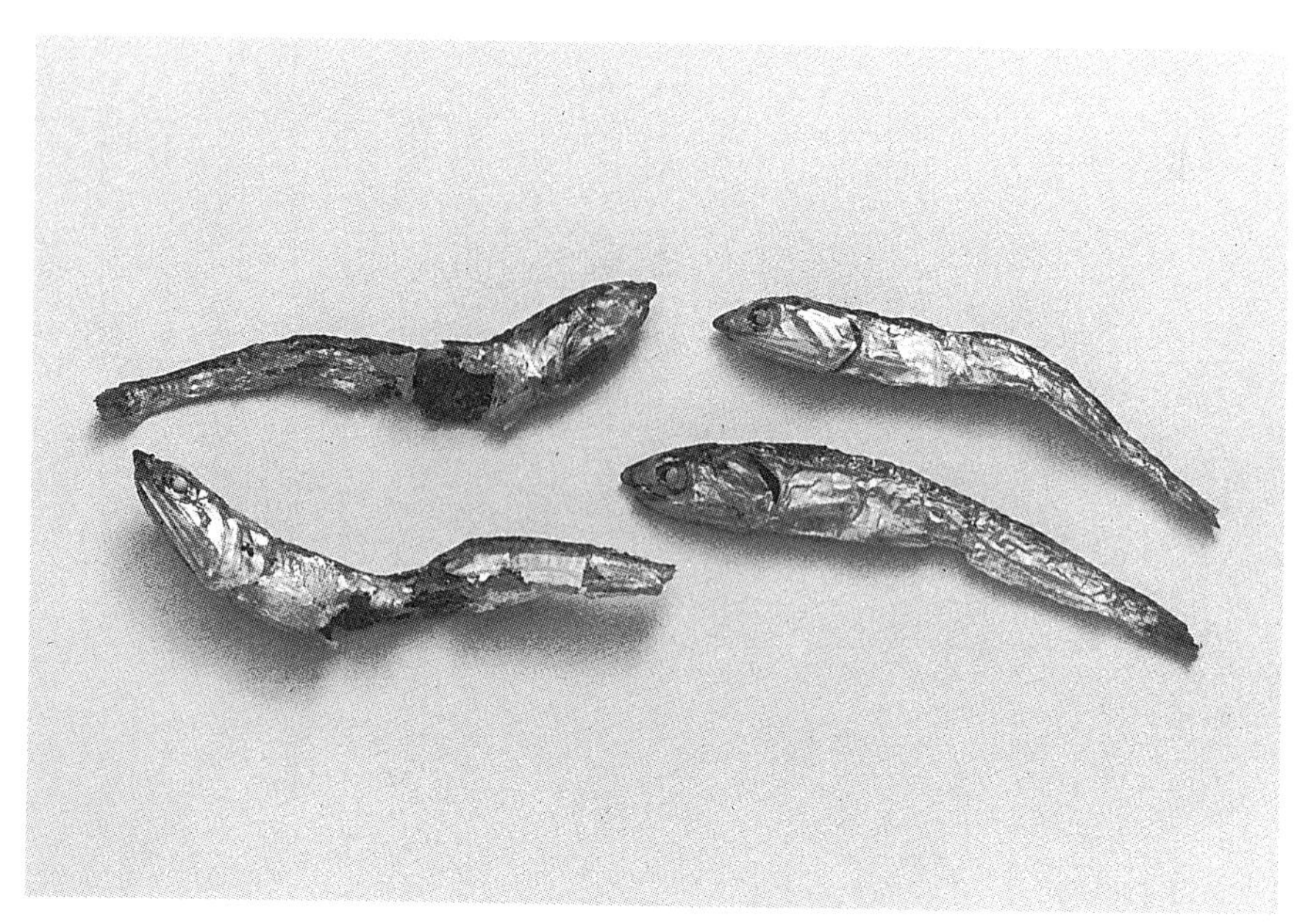

煮干し（右側２匹が上質の煮干し）

たは冷凍保存をしないと、せっかくいい品を買ってきても、油やけしてしまいます。頭とワタをとって縦2つにさき、缶に入れ、冷蔵庫に入れておくのが、かしこい保管法です。

3 昆布

古くは奈良時代から長い間愛用され続けている昆布は、一説にはアイヌ語であるといわれるくらいで、産地の中心は北海道です。採れた場所、地質、潮の流れなどが昆布を育てる環境をつくるわけで、厳格に格づけされています。主な種類、出まわっていて購入できる範囲の品は次のとおりです。

♥色・味ともに多彩な種類

●羅臼昆布

羅臼町沿岸で採れる、高価な昆布。幅が広く、肉厚で良質のものは香りがよく、繊維質がやわらかいのが特徴です。だしは黄色みを帯び、ややにごる傾向がありますが、昆布のなかで最高にコクが出るといわれます。そばやうどんのだしにも使われます。

●真昆布

山だし昆布ともいわれ、最も高品質の昆布といわれます。道南から室蘭東部に至る沿岸で採れ、場所によりさらにきびしく、格づけされるといわれ、それぞれ、澄んだだしが引ける、上品な甘みがでるなどと評価されるゆえんです。大阪の料理屋さんが好んで使うときいていますが、市販品はほとんどみかけません。

●利尻昆布

真昆布の一種で、利尻島沿岸で採れるものです。次に紹介する日高昆布のいいのが手に入らないというので、利尻昆布を使う方も多いのでないでしょうか。私も日頃、一番使うのは利尻です。昆布に親しまない人でも、利尻なら失敗もなくおいしいだしが引けるので無難な選択です。

クセのない上品で澄んだ味のだしが引けるという点で、私は昆布の優等生と呼んでいます。先の真昆布より色が黒く、繊維質がややかたいのが特徴です。だし昆布として京都の料理屋さんに評価されているということです。

●日高昆布

日高昆布は三石昆布ともいわれ、日高沿岸を中心にして採取されます。黒っぽいのに、透かしてみると緑かっ色をしており、全国的に一番使われているものです。繊維質がやわらかく早く煮えることが特徴で、「早煮昆布」ともいわれます。佃煮、昆布巻、関東のおでん用などで親しまれます。もちろん、高品質のものは日常のだし用として、おおいに使いましょう。

♥肉厚で光沢のあるものを少量ずつ求める

一般的には良い昆布とは、肉が厚くて弾力と光沢があるもの、黒みがかった飴色で、よく乾燥したものといわれています。

扱い方は湿気をきらうので少量ずつ求め（湿気が多いとカビがでます）、早く使いきるか、新聞紙などに包み、涼しい所に置きます。冷蔵庫は乾燥しすぎるので避け、むきだしのままにしないことです。

（だしを引くときの注意）

昆布のだしを引くときに、洗うか洗わないかの話がでますが、人によってはさっと洗うという人もいて、それはまちがいではありません。ただし、今は汚れやほこりがそれほどない製品が多いので、洗うこともないでしょう。

かたくしぼった布切れで汚れや砂をぬぐう程度でよいのですが、私などは袋入りを買うので、手で砂気を軽く払う程度です。切れ目を入れるかどうかも、賛否両論で、切れ目を入れてもさほど味に変わりはないというデータもあるそうです。

※なお、日高昆布とは別の「早煮昆布」という製品がありますが、これは表示にあるとおり、一度むしてあるもので加工品とみなしてよいもので、だし素材の分類から切り離すべきものと思います。

※昆布は、値段が高くても高品質のものを使いましょう。安いものより少量でいいだしがでるので、結果、割安になります。

4 干ししいたけ

♥うまみ・香りにすぐれただし素材

「冬茹（どんこ）」と「香信（こうしん）」の2種があります。おなじみのどんこはかさが部厚く、全開していない、いわゆる肉厚のすぐれもの。味、香りともすぐれていて、表面に網状の割れ目がある白冬茹は高級品です。

こうしんは逆にうすくてかさが全開しているもので、どんこの半額くらいの普及品です。これはもどりも早いので、急ぐとき、普段用などで、何にでも手軽に使えるのが特徴といえます。

いずれもかさが開きすぎず、軸が短くて、裏側が黒ずんでいないものを選びます。

他にスライスの干ししいたけがありますが、利点は早くもどることといわれていますが、こうしんなどと変わらないようです。つけ汁に急激にだしがですぎ、食べたときの香りは期待できないので、他の材料と煮るようなときに使うとよいでしょう。たとえば五目ずしの具のにんじん、かんぴょう、ごぼう、れんこんなどと炒めて使う、炊きこみごはんの具の一つとしてなどのときに使います。もどし汁に十分うまみがあり、こうしんよりいい味がでるので、むしろだし汁としておすすめします。

ご承知のように干ししいたけのもどし汁は精進料理の場合にはたいへん貴重に考え、大切に使われています。単独の場合もありますが、かんぴょうや昆布と組み合わせることが多く、しいたけをもどし汁と昆布とともに火にかけて、煮立つ寸前に昆布を引きあげるという方法をとります。

干ししいたけのだし汁としては、干ししいたけ20gをさっと洗い、10カップの水につけておき、しいたけがもどっていればできあがりです（どんこで3時間以上、こうしん、スライスで1時間）。しいたけのだし汁はうまみ、香りとも非常に強いので、日常のそうざいには控えめに使います。私は半量くらいにうすめて（水でなく一番だしなどで）使っています。

ただし、しいたけそのものだけを煮る、かんぴょうと煮るなどの場合は全量をこして使ってもかまいません。

5　かんぴょう

♥独特のもち味をいかす

かんぴょうは夕顔の実の果肉を細長く切り、乾燥させたものです。乾燥させることで独特の甘みがでますので、そのもち味をいかして甘めに味つけますが、主産地の栃木県ではみそ汁や炒めものなど、自在に使いこなしているようです。もちろん、だしの素材でもあり、精進料理には欠かせないものです。

だしをとるには水10カップにかんぴょう20gを洗ってつけておきます。この方法は今の私たちの食生活では物足りないので、干ししいたけと合わせるとよいでしょう。前述の干ししいたけのだし汁と合わせるだけです。

かんぴょうは分量の水と合わせて煮だす方法もありますが、日なたくささがでるので、さっと煮るか、水につける程度にとどめたほうがよさそうです。

（かんぴょうの選び方）

いいかんぴょうは白くキメこまかいもの、種が残っていない、表面がなめらかなものです。色白は新ものという意味で、漂白という意味ではありません。新物は晩秋の頃にでて、この頃のかんぴょうは早く煮えます。よくないものは茶色になっていて、これは古いものです。

（使い方・扱い方・下ごしらえ）

まず、さっと水でぬらして、塩を多めにまぶしてよくもんで、塩気を洗い流します。塩もみは干したときのアクをとるためで、ここをきちんとやると、煮あげたときにすっきりとした味に仕上がります。時間があるときは、塩もみしたあとに水にさらしておくと、さらにきれいになります。

家庭でしいたけと一緒にすしの具として煮るときなどは濃いめの味なので、その必要がありません。

私の家ではお寿司などでも残ったら甘めのしょうゆ味で炊き、卓上に置いておきますが、あっという間に売れてしまいます。

（煮　方）

塩もみして洗ったあと、かためにゆで（俗にツメがたつまで）、さっとゆすいで、二番だしやしいたけのだし、しょうゆ、さとうで煮含めます。少し多めに、時間をかけて煮ることがポイントで、先の干ししいたけのもどしたもの、つけ汁をだしで割った煮汁がおすすめです。

6 野菜と大豆

♥個性の強さがだし素材に

1～5まては乾物、干し野菜から引くだしです。生のままの野菜ではこの乾物に匹敵するパワーの素材は見当たりませんが、ちょっとした工夫で近づくことができるものもあります。

たとえばしいたけ。しいたけを焼いたときのあの香りにしびれる人は多いと思います。イタリア・フランス料理でもきのこは洗わないで香りがでるまでよく炒めることが大切とはよくいうことです。

焼きしいたけは即席の干ししいたけのようなものと考えていただいてもよいと思います。中国料理でもこの頃は生のしいたけを使いますが、それでも天ぷらの温度くらいの油で素揚げをしてから炒めたり煮たりすると、香りがたいへんよくなってこたえられない味になります。

このように生の野菜にも乾物からヒントを得たおいしい食べ方はあるわけですが、まったくの生の野菜でうまみ（だし）のでる野菜もあります。

まず、そば、うどん、ラーメンなどの薬味ナンバーワン、ねぎ類。

もう一つ、たまねぎ。これもねぎという字がつきますが、カレー南蛮にたまねぎが入っていなかったらがっかりです。もちろん、カレーしかりです。

次にごぼう。近頃は繊維質で人気を得ているようです。しかし、ごぼうは香りを食べるということを知らない方がわりといて、包丁で皮をこそげてしまうというのはもったいないことです。ごぼうは香りのある皮を食べるといわれ、芯を残してしまう料理があるくらいなのです。

それから、にらです。くさいからときらう人がいますが、だしがでるのなんの、ひと頃のちゃんこ鍋には必ず入っていました。安くて、強壮の長所に着眼したあたり、おすもうさんの世界の健康管理に軍配をあげたくなります。

他ににんにくもありますが、以上4つの野菜は、それ自体または他の主材料とジョイントすることによって、うまみのパワーを発揮する代表選手として推薦したいと思います。

これらの野菜の特徴は、自らもたいへん個性の強い、いわゆるクサイとされる野菜であるのに、他者のクサさをもとりのぞき、味をカバーし盛りあげてくれる、縁の下の力もちといった役割を果たしてくれることです。〝だし〟と相通じる存在として、この項にとりあげました。

●ねぎ

肉、魚の下味、それらの薬味、納豆の薬味として相手を盛り立て、クセをやわらげ、味を丸めてくれる伴走者。他にすき焼き、鍋もの、焼きとりなどにも欠かせないのは相手と互角に渡り合う度量もおおいにあるということ。たまねぎのかわりにハンバーグに入れると甘みが少なくさっぱり味になります。

●たまねぎ

ねぎに近い役割で、洋風のソース、スープ、肉、魚介料理には欠かせない基本的な野菜。和風にはみじん切りにしたものを鴨や鶏のひき肉にまぜて団子にすると、絶妙の味になる。すりおろしたりしてドレッシングやステーキダレとして、しょうゆ味とミックスしても、しっくりいく洋野菜。

●ごぼう

主にしょうゆ味になじむが、この頃はマヨネーズであえるサラダにも使われる。牛肉はじめ肉類にはとくに合うが、いわしやぶり、どじょう、うなぎなど、青魚、川魚のクセともよく合い、鍋ものやごはんものはごぼうが入るだけで香りとコクがでます。

●にら

みそ汁やしょうゆ味のいわし鍋、卵とじなどに欠かせない野菜で、ごぼうをジョイントしてもいいもの。韓国の白菜のキムチの具になる野菜のなかににらを入れると、味がグンとよくなる。せりは清涼感のある味だが、にらはコクがあってしょうゆならさしずめこい口というところ。

●大豆

精進だしに用いられる大豆のだしは、豆を煎って香りをつけてから水を注いで半日ほどおく。このままでもよいが、昆布を加えることで、いっそう旨みと香りが増します。

1カップ弱（100g）の大豆を弱めの中火でじっくり煎って、4カップの水を注ぎ入れ、5cm角の昆布2枚を加えて半日ほどおいてこす。浸したあとの大豆と昆布はやわらかくなっており、五目豆などに再利用できます。

7 肉

♥骨、ガラにいたるまでエキスを抽出

肉はそのものに十分にうまみがあるほか、骨つき、骨、ガラにいたるまで無駄なくエキスを抽出できる強者ぞろいです。現在ではほとんどの食肉類の入手が可能ですから、知っていれば安く、おいしく、自在にスープづくりを楽しむことができます。

家庭で楽しめる肉類からとる（引く）スープをいくつかご紹介しましょう。

●鶏ガラのスープ

これは、基本の万能スープであり、和洋中どんな料理にも使えます。

あくまでもベーシックなものでこのままでは物足りない、あるいは淡白であるなどの理由から、他に味のでる肉や魚の素材、だし汁をプラスして使うことのほうが多いのですが、基本として一度はつくってみたい肉素材のだし汁なので、入門編としてマスターしましょう。

〔つくり方〕

① ガラ2羽分をぬるま湯でよく洗う。

② 骨の内側の血合を手でよく洗い流し、よぶんな脂身がついていたらとりのぞく（2つに切ってもよい）。

ここまで下ごしらえをして冷凍して売っている店もある。自分で冷凍してもよい。

③ そうじしたガラに水15カップを加え、たまねぎ½コ、にんじん30g、セロリのうす切り少々、パセリの軸少々、ローリエ、粒こしょう少々を入れて火にかける。

④ 煮立ったらアクをすくい、火を弱め、1時間ぐらい煮だしてこす。この香味野菜をしょうがの皮、ねぎの根や青い部分、粒こしょうなどに替えると、中国風のスープになる。

●手羽先スープ

ガラより味が出るスープで、主に和風または中華料理に使います。基本的にはガラと同じですが、独特のクセがあるのでさっと下ゆでする場合もあります。その場合はすぐ冷水にとり、ざっと洗って使います。

手羽先は本当の先端部分は量も少なく、だしも心もとないので、手羽先といって売っているボリュームのある部分

を使います。
この手羽先を煮ものにするとゼラチン質がでて、煮こごりのようになり、かれいの煮つけが冷えたときなどと同じような状態になります。これは蛋白質のコラーゲンが加熱によって分解したもので、さめてもおいしいものです。スープはこの煮こごりのごくうすいものと考えてください。
現代人は骨が弱くなったという話をよくききますが、このように骨つき肉を煮たり、骨からスープをとるなどの習慣をふやす工夫をもっとしたいものです。

●スペアリブ

豚の骨つきあばら肉は中国、韓国料理でおおいに使いますが、アメリカ風のグリルでも人気者です。私はスペアリブが好きで、これでボルシチをつくります。この場合は肉をおいしく食べるために、ポトフと同じように、はじめに塩を入れます。

〔つくり方〕

① スペアリブ1kgをさっとゆでこぼし、10カップの水から香草類とともに煮立て、塩を入れて1時間ほど煮る。このとき、野菜は煮えにくいものから入れていく。

② 豚肉の味が物足りなければ、固型スープの素を2コほど入れ、トマトピューレを大さじ3～4杯入れ、味をととのえる。

③ 最後にきざんだ缶詰のビーツを適宜入れ、食卓でサワークリームを各自で入れて食べる。

スペアリブは骨を食べるもので（このボルシチに限っては肉がついているほうがいいのですが）、肉があまりついていないものが豚臭くなくていい品になります。鶏ガラと同じ感覚で（ガラ扱いで）日頃もっと使ってもいい素材です。

●牛スジ肉

もっぱら洋食屋さんのソース用やラーメン屋さんで消費され、肉屋の店先に並んでいないのですが、前もって頼んでおくと、信じられないほどの廉価で求めることができます。このスジ肉と鶏ガラでおいしいスープができるのです（牛バラ骨が手に入れば、まぜても可）。

〔材　料〕

スジ肉300g　鶏ガラ1羽分　水15カップ　ねぎの根や青い部分1本分またはたまねぎ小1コ　粒こしょう少々

〔つくり方〕

① スジ肉、そうじした鶏ガラ、粒こしょう、ねぎを水に入れて強火にかけ、煮立ったら火を弱める。
② アクをすくい、1時間半くらい煮こんで、こす。
これも入れる香草によって中国、韓国、洋風と分かれます。スジ肉はさっとゆでるか洗うかしますが、新鮮であれば必要ありません。

●牛ひき肉と昆布のだし

洋風のだし汁で、牛ひき肉を使い、卵白でアクを引く基本的な方法がありますが、ふだんあまりやらないので、にごる、にごらないで緊張します。家庭でもリラックスして簡単にとれる、ひき肉から引くだし汁をご紹介します。昆布と組み合わせると抜群の味わいです。

〔つくり方〕

ひき肉200g、昆布20cm角1枚を8カップの水から煮だすだけ。煮立ったら昆布を取り出し、火を弱めてアクをすくい、ひき肉を15分くらい煮だす。透明でうすいこはく色のスープができあがるので、こして使う。

このスープはそのまま味つけして飲んでよし、鍋ものや野菜のスープなど、どちらかといえばエスニック調のスープ類に合います。このスープと煮干しのスープの混合で、おでん風の煮ものをしてもおいしいものです。

さらにていねいにというのなら、牛ひき肉をさっとゆでて水と昆布を加えて20分くらい煮るという方法もあり、この場合は昆布を煮ても味に支障はなく、相乗効果が楽しめます。

この方法は鶏ひき肉や骨つき鶏でもお試しください。料理によっては香草ににんにくのうす切り、またはかたまりのまま1片加えたりと、工夫してみましょう。ベーシックな鶏ガラスープをとったものを水のかわりにして、さらに牛ひき肉を加えてだしを引いてみるなど、どん欲に足し算を試みていただければと思います。

ところで、こしたあとのひき肉は捨てないで佃煮をつくります。昆布も、ひき肉と一緒に10分くらい煮てもさしつかえないので、やわらかく煮えたら、きざんで佃煮にまぜたりします。

佃煮はさとう、しょうゆ、しょうがを加えて甘辛く炒り煮して味つけをします。

●牛うす切り肉（コマ切れなど）

韓国料理に、わかめスープという有名なスープがあります。あの澄んだスープをつくりましょう。

牛ひき肉と昆布のだし

①ひき肉と昆布を水で煮る

②煮立ったら昆布を引きあげる

③火を弱めてアクを取り，さらに15分煮る

④こす

⑤牛ひき肉はとっておく

⑥スープのできあがり

⑦残ったひき肉はさとう，しょうゆ，しょうがを加えて

⑧甘辛く炒り煮して佃煮にする

〔材　料〕

a、牛コマ250g　しょうゆ大さじ2杯　さとう少々　ねぎのみじん切り大さじ1杯　おろしにんにく小さじ1杯　すりごま・ごま油各大さじ1杯　b、塩蔵わかめ15g　万能ねぎ　うす口しょうゆ・塩・こしょう適宜

〔つくり方〕

① 材料aをよくまぜ、大さじ1.5杯のごま油で炒め、色が変わったら7カップの水を加える。

② 煮立ったらアクをすくい火を弱め、20分くらい煮て5カップくらいになったところで、うす口しょうゆ、塩、こしょうで調味し、切ったわかめ、万能ねぎを入れて火を止める。こしょうをたっぷりふって吸う。

おいしくつくるコツは日頃から牛コマのおいしいのをみつけておくことです。下味をつけた牛コマを炒めて、水を入れて煮だすだけとは思えないスープができます。秋には下ゆでした里いもなどを入れ、春はたけのこを入れます。

ちなみにこのスープ、韓国のオモニ（母）の産前産後のスタミナ食だったということです。

8 魚

♥骨からとる海の香り

魚のアラを使って引くだしをくさだし（臭だし）ともいいます。下手に引くと、においがでてくさくなる、といった意味でしょう。

ひらめ、すずき、鯛、はもなどの中骨を焼いて昆布とともに煮だす方法があり、主に煮ものに使います。たとえば料理屋さんでは上等の骨がでるのでこの方法をとり、おからなどをじっくり炊くという、うらやましい話をきいたことがあります。基本的に吸う汁の場合とは違いますので、家庭ではみそ仕立てのあら汁や潮汁に親しむだけで十分と思います。

もし機会があってつくるとしたら、白身魚のあら（鯛、ひらめ、すずきなど）1尾分（400〜500g）をていねいに洗って血合をのぞき、水8〜9カップ、昆布10cm角をともに火にかけ、煮立ったら火を弱めて20〜30分煮だして、こします。野菜だけを入れた粕汁などに使えば最高です。

このだし汁を洋風に使いたければ、洋野菜の香草（「鶏ガラ」参照）を入れればよいのです。えび、かきなどのシチューや魚料理のソースの土台になり、即席のフュメ・ドゥ・ポワソンという魚のだし汁と考えてもよいでしょう。

このフュメ・ドゥ・ポワソンを正式につくるときは香味野菜と魚の骨を炒めてから水を入れて煮だします。

肉のだし汁に比べ短時間ですむということは、日本のだしの引き方と共通している点です。魚のくさみがでないように、短時間でつくり、グラグラ煮立てないというところは、東西の一致点を見い出す思いです。

フランス料理にもう一つ、クールブイヨンというだし汁がありますが、これは主に魚介類をゆでるためのだし汁です。クールという意味は〝短く〟の意味ですから、納得がいきます。こちらは魚介を下ゆでするときの水と同じ役割で、水だと味が水のほうに逃げるので、素材のうまみを守るために工夫がなされます。魚類は入りませんが、魚介のくさみをぬく、味や香りを移すなどの役割を果たす香味野菜（「鶏ガラ」の項と共通）の他に、レモンやワインビネガー、白ワインなどが入ります。

このクールブイヨンでは魚のだし汁の項に該当しませんので、フランス料理店のシェフから教わったクールブイヨンの一例をご紹介しましょう。生ほたてのひもをクールブイヨンに加える方法です。

〔材　料〕

ほたてのひも6～8コ分　たまねぎのうす切り50g　ブーケ・ガルニ（タイム、ローリエ、パセリ、セロリーの茎など香草の束）1束　白粒こしょう小さじ1杯　にんじんのうす切り少々　レモンのうす切り1枚　白ワイン大さじ2杯　白ワインビネガー小さじ2杯　水8カップ

〔つくり方〕

材料すべてを鍋に入れ、煮立ったらアクをすくい、中火にして20分煮る。

これで、えびやかにのからつきをゆでたり、冷たいものを切身魚に加えてゆっくり加熱（むし煮など）したりして使います。

9 油製品のだし

♥コクのあるうまみを強調

肉屋さんですき焼き用の肉やステーキ用の肉を求めると、牛脂をつけてくれます。

この場合の脂身は単に焼くための油脂にすぎないのでしょうか。ステーキ用の肉を買ったときに私が要らないというと、肉屋さんは「うまいんですけどねェ」と、とてもガッカリするのです。

これもやはりうまみ、コク、つまり、よりだしがでるということの強調ではないでしょうか。上質の肉でないから、うまみを補う場合もあるでしょうが、肉のコクをより強調するという力学上の法則といってもいいかもしれません。

このように、油が味に力を与えてくれる例はいくつもあります。野菜の油炒め、炒め煮、仕上げにごま油をふる……。早い話が、揚げもののパワーがそれを証明しています。

広い意味で、油脂というのは動物、植物にかかわらず、うまみを感じさせ、またはうまみを増加させる役割を果たします。ここでは、直接だしがでる油脂類を広義にひろってみることにします。

●油揚げ

精進料理に欠かせない蛋白源としても実力派ですが、日常のおかずでもそのなごりのように、あちらこちらに使われます。

だしが少しうすいみそ汁、炊きこみごはん、豚汁、けんちん汁、煮浸しなど、いろいろな煮ものにおおいに重宝します。だし汁をまったく入れないでも、みそがおいしければねぎと油揚げだけでオーケーのみそ汁なども、つくる方は案外多いかもしれません。油ぬきをする場合もありますが、この頃は油も良質になっているので、若い人向きの煮ものなどにはそのまま使いましょう。

●ベーコン

東の油揚げに対して、西はベーコン。使い方が共通しています。

ベーコンもていねいにするときは、さっと油ぬきをします。イタリアのスープ、ミネストローネはたまねぎとベーコンで味をだしていて、けんちん汁を思わせます。キャベツと煮たり、カリカリに焼いてサラダにふりかけたりするところなど、「お浸しにおかか」を連想するではありませんか。

●豚　脂

豚の脂身はラードとしておなじみで、今は精白されてチューブ入りのものが市販されていたりします。

この脂身を細切りにして、ゆでて水にさらして、みそ汁や吸いもの（「沢煮椀＝お吸いもの」の項参照）に入れると、なかなかの味です。みそ汁に入れると、豚汁風になります。動物性の油揚げだと思って使ってみましょう。豚かつ用の肉からとりのぞいて冷凍しておくと（長期にあらず）、ちょっとだしに使いたいときに、重宝します。

油のだし類は下ゆでをすると味が洗練されるので、少量をゆでてという方法が一番のおすすめです。

●ごま油、オリーブ油、ごま

他に直接の油そのものをだしと考えるとき、先ほどのミネストローネはオリーブ油を使いますが、いま一つ味にコクがでないときに、私は仕上げにさらに、オリーブ油を大さじ2杯ぐらい、大胆に入れます。

この場合はとくに、トマト味にオリーブ油がマッチしているという点とも無関係でなく、舌が油でおおわれて味がわからなくなるという必配は無用です。汁類の味がいま一つというときにごま油など好みの油脂を食卓に用意しておき、そのつど使うのも楽しいものです。

また、精進料理でよく使うごまも、立派に油脂のだしとみなすべきです。ほうれん草のごまあえがそのいい例です。

10 市販のだし、つゆなど

●市販品もひと工夫すれば強い味方に

やはりグルメ時代、グルメ志向なのでしょうか。市販のだし、つゆの和風調味ベース類が人目を引きます。

丼・焼き魚・照り焼き・焼き肉・かば焼きのタレ、しゃぶしゃぶごまダレ、すき焼きソース（または割り下）などのタレ類、ぽん酢しょうゆ・おろしぽん酢・ぽん酢・土佐酢・うす口土佐酢・甘酢・すし酢などの合わせ酢類、うどんつゆ（うす口）・うどんつゆ（こい口）・かけそばつゆ・麺つゆ・きし麺つゆ・つゆ・天つゆなどのつゆ類、他におでんの素、ごまあえの素、ピーナツあえの素、浅漬けの素、煮つめ（すしダレ）、しょうが焼きのタレ、南蛮漬けのタレ、鍋つゆ、料亭白だしなどなど……。

表示のラベルには、「○○料理には何倍にうすめて」と、親切な説明がしてあります。「中国料理、西洋料理、スープ、スパゲッティにはバターと合わせて幅広くご使用ください」とまで書いてあることがあります。

私など、新製品の把握に追いつけないでいるうちに、どんどんふえているようで、中国料理の合わせ調味料あたりが最初のランナーだったように記憶しています。

以前から洋風素材の固型スープの素、つゆの素、ふりだしという粉末のティーパックスタイルの和風だしの素などはありました。市販のものは大方の人が納得するような味の平均値をだしているのですから、そのなかにはすぐれたものもあります。加工臭、賞味期限の問題などが気になるところですが、使い方は服装と同じでT・P・Oによるといえましょう。

たとえば、次のような工夫はいかがでしょう。

●洋風固型スープの素

このスープの素は、和、洋、中の料理に使えて万能です。メーカーの表示より少なめに使い、分量の水に洋風香味野菜（この項7鶏ガラ参照）を入れて、ひと煮立ちさせ、シェリー酒などを少し加える。中国風のスープは長ねぎ、しょうがの皮などを入れて、ひと煮立ちさせる。

和風だしにするときは、酒としょうゆを加えるなどして工夫してみましょう。とくにしょうゆ味の料理に少し使うと効果的で、ごぼうなどと組み合わせるとコクがでておいしくなります。もちろん、うす味に里いも、大根を煮てもよいのですが、煮干しのだし、昆布のだしと併用するとさらに効果的です。うすめにつくって、しょうゆ、酒、みりんなどを補い、ごぼうや山菜、にらなど特徴的な野菜と組み合わせるといい味になります。鍋ものに応用してもよいでしょう。

●そばつゆ、うどんつゆ

そのまま使うタイプのうどん、そばつゆはあまりクセがなくおいしいものが多いのですが、濃縮タイプに比べると種類が少なく高くつくのは残念です。残ったらそのままか、うすめるなりしていろいろな和食に早く使いきるようにします。

●濃縮タイプ

これはたくさん出まわっていて、味はまちまちです。たとえば、表示より多めの水でうすめて、かつお削りぶしを2人分で10gほど入れてひと煮立ちさせてこすといった工夫もできるでしょう。

このタイプは残ってもさほど早く使いきらなくてもよいので、さまざまな和風料理にうすめて使うか、少量だけうまみ調味料のかわりに使ってみましょう。

●果粒状のだし

和風も洋風もあり、パラパラとふり入れるだけでとけやすく、たいへん便利です。この頃は無意識のうちに油っこい料理を食べている傾向にあり、ひかえめの味だと物足りない味覚の人がふえていますので、このだしも見逃せません。いま一つ物足りないみそ汁などの仕上げに、少し入れるとインパクトがあり、味が引きしまります。

調味料を入れる順番を示す「さしすせそ」という味つけの基本がありますが、「そ」のところにこの果粒状のだしを少々入れます。

要は、時と場合によっては、既製品も積極的に応用して、ひと味違った隠し味の幅を広げることです。

II章

うまさアップ みそ汁とお吸いもの のだし

――「だし以前」のひと工夫から本格だしまで

1 みそ汁・お吸いもののだしは引きたての香りが命

汁は大別するとにごり汁とすまし汁に分かれ、家庭料理では前者はみそ汁が中心、後者はお吸いものとして考えてよいでしょう。料理屋さんでは、献立のはじめのほうに出てくるので、ひと口吸ってみると料理人の腕がわかるなどといわれるくらいで、断じてないがしろにはできない存在です。

♥みそ汁はおかずとのバランスを考えて

家庭でのみそ汁は朝食に必ずと相場が決まっていましたが、この節この型がくずれ、夕食で補う場合がふえています。朝食のみそ汁はおかずも少ないところから、実だくさんの補食的要素が強かったものですが、おかずが多い夕食では具がないがしろにされても、無理からぬことかもしれません。

しかし、みそ汁のおいしさはていねいに煮だしただしと吟味した好みのみそ、おかずとのバランスを考えた具の出会いがあればこそです。

それでは、おいしいみそ汁のつくり方のポイントをあげましょう。

●だし汁

やむをえない場合はつくりおきしてもかまいません。残りのだし汁でもよく、残ったらビニール袋に入れて、冷蔵庫のチルド室に1日だけ保管します。

みそ汁はみその香り風味といいますので、だしは具によって気にしないでもいいと思います。賞味期間を忘れてしまうからでおすすめしたくないのは、賞味期間を忘れてしまうからです。市販品の賞味期間をチェックする人でも、自分の手づくり品のチェックは甘くなる方が少なくないようです。

●具

季節を楽しむ、ありあわせですませる、常備しておく、組み合わせるなど、すでに実践なさっていることと思います。

具は相手の味を殺さず、引きたて合うものどうしの組み合わせ、強いものどうしで効果をあげるもの、水っぽいものには油気のあるものを補ってやるなどの工夫がほしいものです。

基本的にはだしで煮えにくい具から煮てゆき、最後にみそを加えて仕上げるわけですが、具の性質によっては、別扱いをする場合があり、また、みそ汁といえども具を別々に下ごしらえしてお椀に入れておいて、あとで汁を張ることもあります。

たとえば、なめこ汁などはなめこをさっとゆでてお椀に入れておくと、みそ汁がべとつかずすっきり仕立てられます。

これと同じような方法で**半割り汁**をつくって具を下煮する場合があり、お茶事などのみそ汁や料理屋さんはこの方法をとり、吸いものと同じ手法になります。

半割り汁は、みそ汁1にだし1の割でつくります。この方法は、うすめた汁に具を入れて、みそと同じ味を具につけ、しかもあたためるという役割をしてくれるのです。

例・**よもぎ麩の白みそ仕立て**
生のよもぎ麩をひと口大に切り、片栗粉をつけて油で揚げ、熱湯をかけて油ぬきし、半割り汁で煮てあたためてお椀に入れる。白みそ仕立てのみそ汁をあたためてこの上に張り、麩の上にとき辛子を吸い口としてのせる。こういう場合はふたつきのお椀にしたいものです。

●みそ

みそ汁の仕立てのポイントは、「グラリときたら火を止める」という点です。

仕立て方＝具がだしで煮えたら、みそをだしの一部でといて煮汁にもどし、グラリ（またはグラグラッ）ときたら、火を止める。

みその分量＝赤みそならだしの1割、西京白みそなら、だしの2割をめやすに。

合わせみそ＝単一のみそもよいが、2種以上数種を合わせる。

夏場は赤みそ系がさっぱりとします。冬は白みそをまぜてみると、まったりしてあたたまります。京都の白みそ仕立ての雑煮は寒いお正月のものとして、なるほどうなずけます。

みその種類としては粒みそ系のほうが香りが高いとされますが、八丁みそなどは調合されて赤だしとなっているので、すったり、こしたりの手間がいりません。

青味＝みつばの他にはみそ特有のにおいを消してくれ、うまみを増してくれるねぎがナンバーワンといえます。万能ねぎもいいのですが、長ねぎや浅月のほうがさらにおいしさを引き立てます。

●吸い口

みそ汁に吸い口というと、珍しく思う人も多いかもしれませんが、みその特有の香りは、吸い口のワンポイントでさらに完成されます。七味唐辛子、ごま、おろししょうが、柚子、粉山椒、こしょうなどなど、薬味類といわれる日本のハーブで仕上げをきめましょう。

♥お吸いものは型を決めればラク

みそ汁が主流の家庭料理のなかで、おすまし仕立てのお吸いものとなりますと、いささか気が重い方もいらっしゃるかもしれませんが、この項では、その悩みを解決してみましょう。まず、お吸いものの型を覚えます。

お吸いものの材料は、椀種、椀づま（さしこみ）、吸い口の三つの要素で構成されています。これを基本とし、あとは季節を念頭において、材料の相性（出会いものという）のよい組み合わせを工夫したり、楽しめばよいのです。

●椀　種

主材料です。これが決まれば副材料を容易に考えることができます。自身の魚なら、ゆでたり煮たりして下ごしらえする、かまぼこ、豆腐はそのまま使う、というふうにします。

●椀づま

椀種を支える副材料です。椀種が主材料で蛋白源。肉や魚類が主なので、椀づまは野菜類が中心になりますが、野菜類でも、かよわいみつばなどは青味として、吸い口の前の位ぐらいに置かれます。

椀づまとして、一番使いやすいのはしいたけなどのきのこ類でしょう。干ししいたけの小さいものをひと晩かけてもどしてうす味をつけて煮ておくと、椀づまとして重宝します。生を使う場合、とくに春先に出まわる肉厚の春子という種類は香りが強いので、注意が必要です。

生のきのこ類は無造作に吸い汁のなかにポンと入れる方がわりに多いようですが、これはやめましょう。汁全体がきのこの味になって本来の汁を味わうどころではなくなるからです。先の半割り汁と同じ考え方で、二番だしやうすいだしで下煮をして、お椀に入れてから吸い汁を張ると、この難点は解決します。

● 吸い口

仕上げの役割でキリッときめてくれる薬味＝香辛料です。お吸いものはだしが一番、香りが一番といっても、仕上げの吸い口があるとないでは、月とスッポン。キメるなら吸い口、というわけです。

大きく分けると、夏の青柚子から冬の黄柚子、春から初夏にかけての木の芽に代表されます。ふたをとったときの香り、舌への刺激、実と吸い汁とのバランスという点で、材料はまだたくさんありますので、いろいろ楽しんでみましょう。

● 吸い汁

透明で、少量の塩、うす口しょうゆ、酒ぐらいで味をつけている清冽な汁の仕立てには、たしかに緊張感が伴います。でも、料理屋さんほどの吟味はできないまでも、私たちにもまねできる方法が一つだけあります。それは、なるべく吸う人（主に客人？）の時間に合わせて、だし汁を引くということです。

したがって、どの料理よりもあとでだし汁を引くように段取りをします。それまでに、椀種、椀づま、吸い口の準

～四季を楽しむ椀種・椀づま・吸い口例～

	椀種	椀づま（青味含む）	吸い口
春	あいなめ、きす、小柱、さより、はまぐり、白魚、芝えび	生しいたけ、うど、せり、菜の花、たけのこ、わかめ、絹さや、わらび	木の芽、しぼりしょうが、ふきのとう
夏	はも、鮎、そうめん、白玉	いんげん、なす、各うり、じゅん菜	花柚子
秋	さば（塩）	まつたけ他きのこ類	みょうが、青柚子
冬	甘鯛、鶏肉、たら、ひらめ	ほうれん草、春菊、大根、かぶ、里いも、京にんじん、えびいも	黄柚子、とき辛子
一年じゅういいもの	うずらの卵、湯葉、えび、生麩、はんぺん、かまぼこ	干ししいたけ、みつば、貝割れ菜	浅月、おろししょうが、切りごま、のり

備だけ終えておきます。引きたてのだし汁こそ生命（いのち）なので、このだし汁だけは冷凍しませんように。

●吸い汁の味つけ

吸い汁の味つけは、だしのでるものとそうでないものとで差がありますので、必ず味をみること。

味つけのめやすとして次のレシピを基本とし、何度も同じ味になるようになったら、自分の味としてきめましょう。

昆布とかつおぶしのだし汁4カップ（5人分）

右のだし汁に塩小さじ1杯弱とうす口しょうゆ小さじ1杯（酒小さじ1杯が入ることもある）を入れる。

2 これだけでこんなにちがう

♥基本以前のこんなに便利なだし

今はあまりやらなくなっているけれど、見直したいもの、いわれてみればなるほどというような、だしとは呼ばないのに実質的にはだしだったという食べ方を、あなたもなさってておいでのことでしょう。ここでは、それらを見直してみたいと思います。

●とろろ昆布汁

とろろ昆布は、私が幼い頃は必ず食卓に用意されていて、各自みそ汁に好きな量を入れて食べておりました。

とろろ昆布汁は、お椀に好みのおぼろ昆布を適宜入れ、塩、しょうゆ、青味のねぎや吸い口などを入れ、熱湯を注ぐだけ。昆布のうまみであっさりした即席スープのできあがりです。

●昆布茶

とろろ昆布と重複するようですが、塩分も分りやすいので熱湯を注ぐだけというのは、誠に今日的で便利です。みつばやもみのり、ごまを入れるとおおいに満足します。

私がよくつくるのは、お椀にもみのり、水気をしぼった大根おろし、熱湯でゆでた小粒のなめこ、浅月の小口切りを入れ、熱湯を注ぐすまし汁です。分量の昆布茶と水を火にかけてお酒を少々加え、吸い汁をつくってから椀種入りのお椀に汁を張ってもよいでしょう。

●野菜スープ

私が幼児を抱えていた頃は野菜スープをつくって飲ませておりましたが、みなさんはいかがなさっておいででしょうか。ここでは経済的で養分のある自家製野菜スープのとり方をご紹介します。いわゆる野菜くずをだし汁にいかす方法は西洋料理や中国料理にも出てくる手法です。

芯の部分のみになったキャベツ、たまねぎ、ごぼうの笹がきの残り、れんこんの一節、大根の根元や青首の部分、かぶ、じゃがいも、にんじん、白菜……など、できれば、それぞれの分量が同じかさになるように用意し、皮をむかず、大きめの乱切りにして、アクのでるものは先に水に放し、水から火にかけ、煮立ったらアクをすくい火を弱め、1時間ほどおだやかな沸騰を保ちながら煮こんでいきます。良質であれば、山菜のわらびなども入れましょう。

他にも、かぼちゃやきのこ、ゆでた大豆を加えてみたりと、加えるものがふえるにしたがって、味の奥行きを創る楽しみがふえることになります。

野菜が煮えたら、野菜をこすか、引きあげるだけにして、塩、うす口しょうゆで味をつけます。もちろん、みそでもいいわけです。

野菜はたとえばじゃがいもともやしだけというふうにもっと種類を減らしてもいいのです。

3 だしのタブーと手抜き法

♥標準のだしの引き方と注意点

タブーに触れる前に、まずお手本といわれる標準のだしの引き方をレッスンしましょう。

●昆布とかつおぶしのだし

〔用意するもの〕
ガーゼまたはさらしのふきん（またはネル状のペーパータオル）　万能こし　18cmの片手鍋または21cmの雪平鍋など

〔材　料〕
だし昆布15g　かつおぶし（花がつお、うすく削ったもの）約15〜20g　水4カップ

〔つくり方〕
① 昆布は乾いたふきんで砂をふきとる（この頃はほとんど砂がついていないが）。繊維に垂直に切りこみを入れ、うまみをだしやすくする。分量の水を加えて弱火にかけ、火のそばを離れずに、グラッと煮立つ寸前に昆布を引きあげる。
② ①が煮立ったら少し火をおとし、削りぶしを一度に入れ、再び煮立ちかけたら手早くアクをすくい、火を止め、すぐにぬれたさらしを敷いた万能こしでこす。できあがりが透明なこはく色であれば合格。

〔注意点〕
① 昆布の切りこみについては賛否があり、あまり効果がないというデータもありますので、とくに入れなくてもよいと思います。
② 水の量はふたをしないでだしを引くために、蒸発する分とアクをすくう点を考慮して、欲しいだしの2割増しほどを入れます。
③ こす目的はだしの純度を保つためで（こさないといたみが早まる）、透明感を大切にするのもそれと同じ意味があります。昆布の質や量、火加減で、かつおぶしだけのだし汁に比べ、にごることがありますが、慣れてくるとタイミングの呼吸がわかってくるので、はじめは気にしないことです。

また、だし汁を引いたあと、こしたふきんをしぼる方がいますが、味を損ねるので、すまし汁のときはタブーにな

ります。引いてすぐいただくみそ汁の場合は、いいと思います。

④　昆布を煮立てると昆布臭が強くでてしまうだけでなく、粘りがでて、すまし汁には向きません。煮だす時間が短いとうまみができらないことがあるので、量が多いときは前もって水につけておくこともあります（冬は2時間、夏は1時間）。

昆布を煮立てることは完全なまちがいではなく、精進料理など長時間昆布を煮だしてだしを引くこともあり、そばつゆの場合や万能だしのときは、昆布と調味料類を煮だして引くなど、例外として覚えます。

⑤　かつお削りぶしは必要以上に煮立てるとにごりの原因になるばかりか、これも渋味、酸味がでてきます。

またこのふしはほとんど市販の袋入りのうす削りなので、量は多めに使います。市販の袋は4人から6人家族が、1回で使いきる分量として計算してつくっていますので、一度に使いきりましょう。残ったら、明日すぐ使うこと。そうでなければ冷蔵庫で保管しますが、密閉して他のにおいが移らないように注意します。

煮立ったら沈むのを待ってといいますが、この頃の市販品の場合はすぐこしてもかまいません。自分で削ったものなら、煮立ったら火を止めて約3分、沈むのを待ってこします。

⑥　小袋入りの削りぶしはこまかい削りになっていてお浸しやおしんこ、おむすびなどにふりかける小だしに便利な普及版です。3～5g入りになっているので、よほど余っていることでもないかぎり、だしを引くための材料と思わないことです。

●昆布とかつおぶしのだし（その2）

鍋に水5カップと20gの昆布を入れ中火にかける。温度計を使い60℃になったら、この温度を保ちながら1時間火にかけ、昆布を取り出す（温度がこれ以上にならないように火口に網などをのせ火力を調節）。

昆布を取り出したら少し火を強め、さらに沸騰直前まで温度をあげ（90℃くらい）、20gのかつおぶしを一度に入れ、再び煮立ちかけたら、手早くアクをとり、ふきんを敷いた万能こしでこす。

4 比べて、選んで、基本のだしあれこれ

❖かつおだし

◎最も身近なだし

　さて、昆布を入れるとなると吟味やらテクニックやらでむずかしいとお思いの方でも、かつおぶしだけなら親しんでいただけることでしょう。昆布とかつおぶしの相乗効果（グルタミン酸ソーダとイノシン酸）とはいかないので少し物足りなくはありますが、朝のみそ汁や夕方のお吸いものなど、忙しいときにはポットのお湯を鍋にあけて、削りぶしを入れてこすだけですから、5分もかかりません。味にうるさい方はミネラルウォーターなど、良質の水を吟味なさるといいでしょう。

〔材　料〕

かつおぶし（うす削り）20g　　水4カップ

〔つくり方〕

鍋に水または湯を入れ、煮立ったら少し火を弱めてかつお削りぶしを入れ、もう一度煮立ちかけたら火を止め、手早くこす。

❖煮干しだし

◎良質なら生臭くない

　生臭いというのは良質であれば心配のいらないことですが、袋入りを開封してからの保管の段階で、湿気に注意しないと生臭みが生じることがあり軽く炒るのはこのためです。放っておくと（とくに夏）酸化して、色と味がどんどん悪くなっていきますので、まず少量ずつ求め、冷蔵庫か冷凍保存します。

　頭と腹ワタをとるといいますが、小さくて良品のものは不要です。一般的には生産地に近い恵まれた人は別として、苦み、渋味の原因になるので、とりのぞいて使います。

　2つに裂いて缶に保管するということが、少し前の主婦のたしなみであったと覚えております。細かく裂いてもよいし、ミキサーなどにかけて粗めの粉末にしてもよいので

すが、かえってこす手間がめんどうになります。

●煮干しだしの引き方

〔材　料〕（できあがり4カップ強）

水5.5カップ　　煮干し20g

〔つくり方〕

① 煮干しは頭とワタをとりのぞき、縦2つ割りにする。湿っていたらフライパンに入れて、フーと香りがでる程度にから炒りする。電子レンジで20〜30秒かけてもよい。

② 鍋に①と分量の水を入れ、中火にかけ、煮立ったら弱めの中火にし、アクをていねいにすくい、沸騰を保ちながら、7〜8分静かに煮だす。

③ 火を止めて、煮干しが底に沈んで落ちついたところで、ぬれたさらしを敷いた万能こしで静かにこす。煮干しがふくらんでやわらかくなっていれば、だしはでている。

※朝のみそ汁の場合はすぐ使うので、こさずにあみじゃくしでだしがらをすくってもかまわない。

また前日から分量の水と煮干しをつけておき、上澄みだけを使う方法、さらにさっとひと煮立ちさせてからこす方法などもあります。

しかし、夏場は、水温・室温が高いので、やらないほうがいいでしょう（冷蔵庫を使うのならよい）。

❖煮干し＋昆布だし

◎みそ汁には一番

昆布がプラスされるので、関西風おそうざい用といわれます。私が一番好きな、おすすめのだし汁です。

●煮干しと昆布のだしの引き方

〔材　料〕

水5.5カップ　　煮干し20g　　昆布10g

〔つくり方〕

下準備をした昆布、煮干し、分量の水を鍋に入れ、中火にかける。煮立つ寸前に昆布を引きあげ、弱めの中火にし（中心部がコトコト煮立つ状態）、アクをすくい、7〜8分静かに煮だす。火を止め煮干しが底に沈んだらこす。

❖混合削りぶし

◎捨てがたい底力のある味

うす削りのふしのなかに、混合削りぶしがあるのを見落とすわけにはいきません。昆布とかつおぶしのように洗練された味とはいいがたいかもしれませんが、なかなかいい味がでます。市販品は少ないようですが、箱の表示を読みますと、さば、むろあじなどのふしのうすい削りとなっています。

酸化しやすいので、残ったら早く使いきること、お吸いものには量を控えめにし煮立てないこと、きちんとアクをすくい、ていねいにこすなどが注意事項です。

●コラム●

かつおだしと煮干しだしは禁じ手か?

この答えは、否です。双方魚のうまみを引きだすだし汁なので逆効果を心配なさる方も多いようですが、みそ汁、おでんなどのときはかまいません。おでんの場合はこれに鶏のスープも混合して、さらに味にコクをだす方法もあります。

ただし、昆布と煮干しのだし汁をベースにして、かつおぶしはグッと抑えて、1、2割程度に入れます。しょうゆの濃度のブレンドみたいなものだと思って、ぜひ、お試しください。

5 四季を味わう、お吸いもの6趣

◎季節感に富む椀種を選んで

私の教室で好評の主な吸いもの6趣をご紹介します。それぞれ趣が異なり、季節感に富む代表選手なので、甲乙つけがたいものがあります。主な材料の椀種はえびをかにに、鮎をあじになど、代わりになるものが必ずありますので置きかえてみましょう。

まず、あらかじめととのえた椀種、椀づまをお椀に形よく盛り、タイミングよろしくだしを火にかけて、煮立ちはじめたら、塩、うす口しょうゆで味をみて、グラリときたらお椀に汁（吸い汁→吸い地ともいう）を七分目ほど張り、吸い口を入れて、すぐふたをしてすすめます。だしの風味を保つために、けっしてダラダラと煮立せないことです。

このときの吸い汁の塩加減は別の場所でもよく使われる用語で、「吸い味」といいます。

……下味をつけるときに吸い味くらいにしてなどというので、吸い汁の味つけはとても大切な味つけの基本となります。

●白魚と菜の花の吸いもの

なにげない吸いものながら、春を色彩で味わうなら、この組み合わせにおまかせです。

〔材　料〕

白魚100g　二番だしまたは昆布だし1.5カップ　酒小さじ1杯　菜の花½把　花麩（生）4切れ（二番だし½カップ）　木の芽4枚　一番だし3カップ　塩小さじ4/5杯　うす口しょうゆ小さじ1杯

〔つくり方〕

① 白魚は塩水で洗い、二番だしまたはうすめの昆布だしに酒を加えて煮立てた中に入れ、煮立ったら、さらに1～2分静かに煮る。花麩は二番だしであたためる。菜の花はかたい部分を切り落とし、塩ゆでし水気を切る。以上をお椀に入れる。

② だしをあたため、塩、しょうゆで調味し、①に静かに張って木の芽をのせる。

※菜の花は二番だしで吸い地をつくってあたためる場合もある。

●若竹汁

若竹とは若いたけのこではなく、わかめとたけのこの意。同じ頃に旬の春の息吹きを感じさせる相性の良い有名なお吸いものです。

〔材　料〕

わかめ30g（塩蔵新わかめ）　ゆでたけのこ（やわらかい穂先）120g　木の芽4枚　一番だし3カップ　塩小さじ4/5杯　うす口しょうゆ小さじ1.5杯

〔つくり方〕

① わかめは水洗いしてひと口大に切り、熱湯をさっとかけ、水気を切る。

② たけのこはうす切りにする。

③ だしに②を入れて煮立ったら調味し、1～2分煮て、再び煮立ったらわかめを入れ、さっと色が変わったら火を止め、お椀に入れ、木の芽をのせる。

●えびしんじょうのお吸いもの

しんじょうは真蒸とか真預とか書くこともあり、かまぼこほどかたくなく、はんぺんほどソフトではない配合のかまぼこの一種です。

えびしんじょうのお吸いもの

ベースをマスターすれば、季節に応じて、きくらげ、ぎんなん、ゆで小豆、かになど、自在に入れることができますので、家庭でもおシャレな吸いものができます。

〔材　料〕
魚のすり身（生身ともいう）200g　塩少々　昆布だし大さじ3杯　卵白1/3コ　大和いも（すりおろし）小さじ2杯　酒大さじ1杯　吉野くず小さじ1杯　水小さじ2杯　才巻えび5〜6尾　もみじ麩4切れ　えのきだけ1/2把　うぐいす菜4本　柚子・昆布・二番だし適宜　だし3カップ　塩小さじ4/5杯　うすロしょうゆ小さじ1杯弱

〔つくり方〕
① すり鉢にすり身を入れてすり、調味料、昆布だしを少しずつ加えてさらにすり、卵白、大和いも、水でといた吉野くずを加えて、さらにする。ポッテリよりややわらかめ（耳たぶくらい）の状態にする。
② えびは頭と一緒に背ワタをとり、粗くたたいて①にまぜる。
③ 二番だしの中に昆布少々を入れて、あつくしただし汁で②をつみれのようにすくい取りしてゆであげ、お椀に入れる。
④ もみじ麩、えのきだけは分量外の吸い地でさっとあため、③に入れる。うぐいす菜も色よくゆでて添える。
⑤ あたためて調味しただし汁を張り、柚子のそぎ切りを吸い口にのせる。
※型に流してむす場合もある。

●そうめん・卵豆腐・焼き鮎の清汁（すましじる）

夏に食欲のないときの軽い食事風に仕立ててもよさそうな、ボリュームがあるわりには、さっぱりとした吸いものです。

〔材　料〕
そうめん1把　卵豆腐（市販品1コ）　鮎2尾　塩・浅月の小口切り・青柚子適宜　オクラ4本　塩　だし3.5カップ　塩・うすロしょうゆ各小さじ1杯

〔つくり方〕
① 鮎はウロコをとり、洗って三枚におろし、軽く塩をして、30分おいて魚焼あみなどでていねいに焼く。
② そうめんは端を白い糸で結わえてゆで、冷水でよくもみ洗いして4つに分ける。
③ オクラは塩もみして色よくゆで、2つに切る。
④ お椀に1/4に切った卵豆腐、①②③をバランスよく盛り

入れ、調味したあつい吸い地を張り、柚子をのせる。小口切りの浅月を別添えする。

●まつたけの土びんむし

なごりのはもに旬のまつたけを出会わせるお吸いものは、日本の汁の華といえるものです。はもをささみやえび、かまぼこに替えてもよく、土びんがなければ茶碗むし用の器で代用してもかまいません。

〔材　料〕

まつたけ小1本　えび4尾　鶏のささみ80g　かまぼこ4切れ　ぎんなん8粒　みつば適宜　柚子の皮　すだち2個　塩・酒少々　一番だし汁4カップ　塩小さじ1杯　うす口しょうゆ小さじ2.5杯

〔つくり方〕

①　まつたけは洗って石づきをうすく削り、縦にうす切りにする。えびは頭、背ワタ、からをとり、塩・酒少々でト味をつける。ささみは筋をとり、そぎ切りにし、塩、酒少々で下味をつける。ぎんなんはからをむき、ゆでてうす皮をむく。みつばは3cmに切る。

②　土びんに①のみつば以外の材料とかまぼこを入れ、調味しただしを張る。強火のむし器で7～8分むすか、ガス台にもち焼あみをのせて直火にかけ、煮立ったらみつば、柚子を入れ、火を止めてふたをしてすすめる。すだちを横半分に切ってふたの上にのせて添える。

●沢煮椀（さわに）

沢とはたくさん（沢山）の意ですから、実の多い汁で、豚汁に似ていますが、すまし仕立てなので細切り野菜と豚の脂身が入るわりにはさっぱりといただけます。豚の脂身は少量求めるのがむずかしいので、コマや三枚肉を使います。

〔材　料〕

干ししいたけ2枚　にんじん40g　ごぼう40g　豚三枚肉（うす切り）80g　みょうが（またはうど）小2本　みつば適宜　こしょう　だし汁5.5～6カップ　塩小さじ1杯強　うす口しょうゆ大さじ1杯

〔つくり方〕

①　干ししいたけはもどして細切り、にんじんも4cmほどの細切り、ごぼうは笹がきにして水に放し、アクぬきしてザルにあげる。みょうがは細切り、みつばは3cmに切る。豚肉は3cmぐらいの細切りにし、さっと熱湯でゆでる。

②　鍋に①のみょうが、みつば以外の材料、だしを入れて

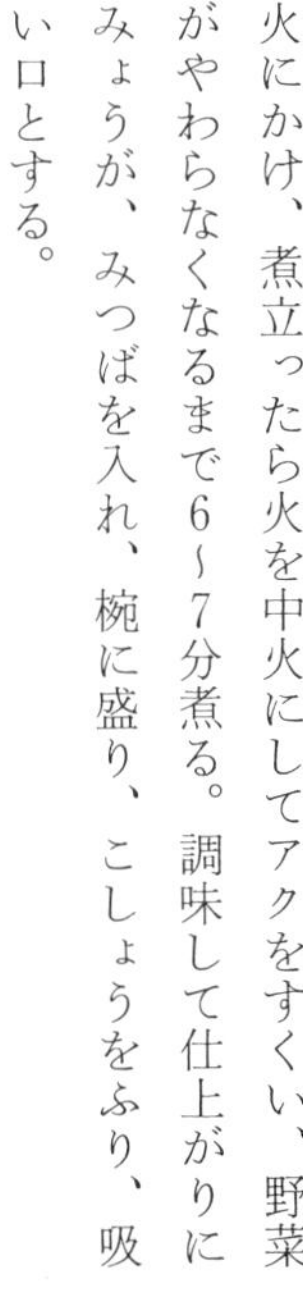
火にかけ、煮立ったら火を中火にしてアクをすくい、野菜がやわらかくなるまで6～7分煮る。調味して仕上がりにみょうが、みつばを入れ、椀に盛り、こしょうをふり、吸い口とする。

6 だしのいらないみそ汁、お吸いもの

♥具から出るうまみにおまかせ

だしのいらないお吸いものの代表はまず、うしお汁（潮汁）。魚介類を水から入れて煮だし、材料のもち味を塩、酒で調味した、すまし仕立てのお吸いもののことです。

❖貝類のお吸いもの

貝類の汁といえば、はまぐり、あさり、しじみに代表されます。

●はまぐりの潮汁

良質のはまぐりの見分け方は、小ぶりでからが分厚く、色目のはっきりしたものを選ぶことです。貝を2つ打ち合わせてみて、金属音のするものなら大丈夫です。

砂を吐かせて売っているものがほとんどですが、海水ぐらいの塩水に入れて半日くらいおくと砂を吐きます（ていねいにするときは途中で塩水を替える。塩水にさびくぎを入れる方法もある）。

〔材　料〕

はまぐり8～12コ　うど4cm　菜の花4本　木の芽4枚　水4カップ　昆布10cm角1枚　塩小さじ1杯　酒大さじ1杯　うす口しょうゆ少々

〔つくり方〕

① はまぐりは前述のように下準備し、水洗いする。昆布は乾いたふきんで砂をふく。

② うどは皮を厚くむいて短冊（たんざく）に切り、水に放す。菜の花は色よくゆでる。

③ 鍋に①と分量の水、酒、塩の半量を入れて強めの中火にかける。沸騰直前に昆布を引きあげ、煮立ったら火を弱め、貝の口が開いてアワがでてきたらていねいにすくいとる。1～2分煮て、残りの塩で調味し、少々のうす口しょうゆを入れて火を止める。

④ お椀にからのよさそうなもの1個（1組）と身を盛り、椀づまのうど、菜の花を添え、汁を静かに張る。吸い口に木の芽をのせる。

※鍋底に砂が残っていることがあるので、汁は静かに上澄みを注ぐこと。あさりでも同様につくる。貝が少ないと味がでないので、半量をだし汁で補ってもよい。魚の潮汁とちがい、昆布は必ず補う。貝を多めに使うときでも盛りつけにはひと組の貝をひらいた形に盛り、よぶんな貝の身は空いた貝の中に入れるようにして盛りつける。

※からつきのままの焼きはまぐりをつくるときに、貝のふたが開かないように蝶つがいを切るが、潮汁も同じ方法でつくる場合がある。

●しじみの赤だし

酒席や和食（定食に近い？）の献立であいかわらずの人気の汁もの。家でつくるといま一つむずかしいという声もききます。やはり昆布だけは補いますが、うすめのだし汁を使ってもいいと思います。

〔材　料〕

しじみ400g　水3.5カップ　昆布10cm角1枚　赤だしみそ大さじ3.5～4杯　みつば適宜　粉山椒

〔つくり方〕

① 砂を吐かせたしじみはよく水洗いして、水と昆布とともに火にかけ、煮立ったら昆布を引きあげ、貝の口が開い

たらアワをすくい、貝をお椀に分け入れる。

② ①の汁を鍋に入れ、かつおぶしを入れて火にかけ煮立ったらこす。このだしを再び火にかけ、だしの一部でみそをとき、ひと煮立ちしたら火を止める。

③ お椀に②を盛り、こまかくきざんだみつばの軸を散らし、吸い口をふる。

※かつおぶしとみそを同時に入れてひと煮立ちさせてこしてもよい。

❖アラ・かに・豚汁・けんちん汁など

アラの潮仕立て代表は何といっても鯛で、頭が多く用いられ、目玉が珍味といわれるほどですが、この節は養殖になってあまりおすすめしたくありません。

それにひきかえさばは最近不漁を嘆かれますが、船場汁などはおおいに推薦したい汁。潮仕立てよし、みそ仕立てよしで、さばぶしがあるくらいですから、だしがでて当然でしょう。

●船場汁

大阪の船場で生まれたおそうざい色の濃いお吸いもので味も濃いめなのでごはんに合います。

〔材　料〕

さば4半身（1/4尾分）　中骨1尾分　塩小さじ1.5杯
水5カップ　昆布10cm角1枚　酒大さじ1杯　塩・うす口しょうゆ各少々　大根100g　しょうが汁小さじ1杯　浅月の小口切り少々

〔つくり方〕

① さばは塩の半量をふり、中骨は3～4つに切り、塩をふって、3時間くらいおく。

② 大根は皮をむき、厚めの短冊切りにする。

③ ①をさっと洗い、昆布、水とともに火にかけ、静かに煮立たせる。煮立ったら昆布を引きあげ、アクをすくい、酒、大根を入れて10分くらい煮る。

④ 味をみて塩を補い、うす口しょうゆを入れて、火を止める。お椀にさば、大根、汁を盛り、しょうが汁を落とし、浅月を散らす。

※中骨はお椀に入れないが、切り身がなくても、脂ののったさばなら中骨だけでも十分いいだしがでるし、アラが汁に入っていてもかまわない。みそ仕立てにするときは、こしょう、七味、粉山椒などの吸い口が合う。

●豚汁（さつま汁）

豚汁として親しまれている濃厚な汁もののルーツは、どうやらさつま汁のようです。

薩摩—鹿児島県の郷土料理のさつま汁は、鶏の骨つきぶつ切りと野菜類を煮こみ、みそ汁に仕立てたものです。野菜は根菜が中心で、現在では鶏肉より豚肉を使うことのほうが多いようです。イタリアのミネストローネという実だくさんのスープがあり、これはベーコンが入ってトマト味ですが、根野菜を入れるところは共通しています。イタリア北部などはトマト味ではなく、ほうれん草に似た青菜が無造作に入っていて、むしろ、けんちん汁に近いかなと思ったことでした。

鶏もなかなかおいしいので、もも肉でぜひおつくりください。

材料のとけ合ったうまみが十分なので、だしを使わず水でつくります。だしを使うなら、二番だしにします。

〔材　料〕

豚コマ切れ肉200g　大根60g　にんじん50g　ごぼう50g　里いも中2コ　こんにゃく1/3枚　油揚げ1枚　水6.5カップ　赤みそ約80g　万能ねぎ適宜　吸い口（七味唐辛子・こしょう・粉山椒）

〔つくり方〕

① 豚コマは食べやすい大きさに切る。こんにゃくは小さく手でちぎり、さっと下ゆでする。大根は厚めのいちょう切りに、里いもは7㎜厚さの輪切りにし、さっとゆでて洗う。にんじんは大根と同じ大きさに切る。ごぼうは大きめの笹がきにし、水にさらす。油揚げは細切りにする（油ぬきしてもよい）。万能ねぎは小口切り。

② 鍋に①の豚肉、大根、にんじん、水を入れて火にかけ、煮立ったらアクをすくい、中火にして10分くらい煮る。こんにゃく、里いも、ごぼう、油揚げを加えてさらに7〜8分煮て、だしの一部でみそをとき入れ、グラグラッときたら万能ねぎを加え、火を止める。吸い口を添えてすすめる。

●塩鮭の粕汁

塩蔵の魚（ぶり、鮭、にしんなど）と野菜を煮て、酒粕で味をつける寒い地方の料理です。野菜だけの粕汁もあり、その場合はだし汁を使います。

似た汁に三平汁があり、こちらは北海道松前藩の賄方斎藤三平の創案といわれる塩にしんでつくった、塩味の汁ものがルーツとか。

酒粕はみそ状のゆるいものもありますが、板粕の場合は水とともにミキサーにかけます。

〔材　料〕
塩鮭（身とアラ）150～200g　大根100g　にんじん80g　里いも2コ　こんにゃく1/3枚　生しいたけ3枚　せり適宜　酒粕80～100g　昆布10cm角1枚　水7カップ　信州みそ大さじ3～4杯　塩・うす口しょうゆ各少々

〔つくり方〕
① 塩鮭は適宜に切り、ざっと洗う。大根、にんじんは厚めの短冊に切る。こんにゃくも短冊に切り、さっとゆでる。しいたけは細切りにする。里いもは輪切りにしてかためにゆでる。せりは2cmに切る。
② 酒粕は手でちぎり、水または湯を1カップほどふりかけて、少しおいたらミキサーにかけ、ドロリとさせる。
③ 鍋に分量の水と昆布を入れて火にかけ、煮立ったら昆布をとりだし、せり以外の①を入れて再び煮立ったら中火にし、アクをすくい、②の酒粕の半量を入れて20分煮る。残りの酒粕を入れ、さらに10分ほど煮て、みそをとき入れ、塩、うす口しょうゆで味をととのえて、さっと煮て火を止める。せりを散らし、吸い口をふってすすめる。

※塩鮭の塩分、量によって、みその量を加減します。

●けんちん汁

巻繊と書き、本来は精進のものですが、煮干しのだしが多く使われます。しょうゆ味なので、二番だしぐらいを使ってもよいと思います。豆腐をくずして、細切りの野菜とともにごま油で炒め、野菜の味がでたところで塩、しょうゆで味をつけます。

〔材　料〕
もめん豆腐1/2丁　ごぼう・たけのこ・にんじん・大根各50g　干ししいたけ2枚　里いも小2コ　ねぎ少々　ごま油大さじ3杯　塩小さじ1杯　しょうゆ大さじ1杯

〔つくり方〕
① 豆腐は乾いたふきんに包み、1時間ほど水切りする。ごぼうは笹がきにして水に放す。にんじんは4cmの細切り。大根も4cmの千切り（マッチ棒大）。里いもは5mmの輪切りにし、かためにゆでる。たけのこも大根と同じ太さに切る。
② ごま油を熱し、ごぼう、しいたけを炒め、①の豆腐を

手でつぶしながら加えて炒め、にんじん、たけのこ、里いもも加えて炒め、全体に油がまわったら水7カップを入れ、煮立たせる。アクをすくい、野菜がやわらかくなるまで煮て、塩、しょうゆで味つけし、小口切りのねぎをちらす。

●えび・かにのみそ汁

お寿司屋さんなどで、えび、かにのみそ汁が出されると、なかなかの迫力でうれしくなります。寿司のネタから出るアラの活用料理ですが、漁師さんが現場で食べている最高のごちそうでもあります。

家庭でこれを試みるとしたら、かにがいいようです。冷凍のたらば、ずわい、毛がになどで、食べやすくカットされて売っているのを使います。えびは才巻えびなどの生を使う場合は、えびが小さくて頭も少ないとなると、あまりいいだしがでません。真冬の渡りがにがとくにおすすめです。

〔材 料〕

かにのからつき（ゆでてあるもの）200～300g　昆布10cm角1枚　ごぼう小½本　浅月の小口切り適宜　吸い口（七味唐辛子）　みそ80～100g（大さじ4～5杯）

かにのみそ汁

〔つくり方〕

① かには大きければ、さらに、からつきのまま2～3つに切る。

② ごぼうは笹がきにして水にさらす。

③ 鍋に水6.5カップと昆布を入れて火にかけ、煮立ったら昆布を引きあげ、①と②を入れ、再び煮立ったら、火を弱め、アクをすくって3～4分煮る。

④ みそをとき入れ、酒を加え、再び煮立ったら火を止め、お椀に入れて浅月をちらし、吸い口とともにすすめる。

※活の渡りがにはよく洗ってふんどしをはずし裏側から甲らごと4つに切り、さっとゆでてから使います。

●鯛のうしお汁

天然の鯛のあらを見かけたらつくってみましょう。ナシ割りといって半分にカットしたかぶとや中骨、骨つきの身からよいだしがでます。ふり塩をして焼くだしのとり方もありますが、ここでは霜降りにします。

〔材　料〕

鯛のあら（頭、中骨などカットしたもの）300～400g　水6カップ　昆布10g　ウド、木の芽各適量　塩小さじ1～1.5杯　酒小さじ2杯

〔つくり方〕

① 鯛のあらに小さじ2杯ほどふり塩をし、30分ほどおき、塩がとけたら熱湯をまわしかけ、ざっと霜降りし、すぐに氷水に落とす（ウロコや血合いなどはのぞく）。

② 水6カップに昆布と①を入れ、塩小さじ1杯を入れ弱火にかける。煮立つ寸前に昆布を取り出し、魚に火が通るまで、15分ほど煮る。

塩味をみて補い、好みで酒、しょうゆを加える。お椀に魚を盛り、春先は生のウドを短ざくに切って入れ、汁はこして温めて張り、木の芽を吸い口とする。

●白みそ雑煮

寒いときにぴったり、甘めの白味噌（西京みそ）には信州みその淡色こしみそを少し加えると味がひきしまります。

もちは丸もちをゆでて入れます。

〔材　料〕

丸もち4個　だし450mℓ　西京みそ150g　信州みそ小さじ1　削りぶし少々　大根少々　辛子

〔つくり方〕

① 丸もちはたっぷりの水に入れて火にかけ、やわらかくゆでる。

② だしにみそを溶き入れ、うらごす。

③ 大根は梅型で抜くなどして下ゆでし、お椀にしく。ゆでた①のもちをこの上に盛り、②のだしをひと煮して溶き入れ、削りぶしを上にのせる。好みで辛子を吸い口とする。

III章

万能濃縮だしで和風料理が得意技（わざ）

1 だれにでもできる濃縮だし活用のシステム

♥だしもレシピをつくって応用

先の項でだしは日本料理の土台であると定義しました。一般的には、だしといえば吸いもの（汁もの）を思い浮かべる人が多いと思います。だしの味をほとんど塩分のみで、一番シンプルに味わうスープですから、当然です。

しかし、だしはまだまだ他に多様に使われていることは、I章の「これもだし、あれもだし」で紹介してきました。吸いもののだしだけでは今日の料理はできないのです。

さて、はじめて料理をつくる人や味つけに自信のない人が料理書をひもとき、または、料理教室に習いに行く、身近な人に教わる……などというときレシピというものがあります。材料の扱い方、火加減など料理の勉強に欠かせない大切な項目がいくつもありますが、この場合、仕上げの味つけに限っていうと、おぼつかない人がほとんどではないでしょうか。いつも味が違う、レシピ（トラの巻）を見ないと味つけに自信がないとお困りの方は多かろうと思います。

料理の数ほど際限のないレシピを受験生のように丸暗記するのは容易ではありません。プロの料理人といわれる人はどうしてあのようにいつも同じ（ように感じさせる）味つけを保っているのでしょう。

プロはとっくの昔から味をシステム化し、親方から伝えられたレシピをもっているのです。その店の、またはその親方の八方だし、合わせ酢、タレなどがあります。前もってつくっておいてうすめたりするのは忙しいから、能率的にシステムをつくっておく。その店の基本の柱を立てておくと、弟子がつくってもレベルを保てるという利点があります。店によっては、それぞれの調理法の柱立てをし、何種類かの割合で一覧表にして張り出しておくといいます。新入りの弟子に教え込む方法として、この基本の味つけ表はその重要な役割を果たします。さる有名な料理長から聞いたところによると、おいしい店の（ホテル、旅館含む）レシピは全国から調理師仲間が訪れて、写していくといいます。

このようにして、料理用の味つけのからくりをさぐっていくうち、調味料の前の段階で、だしの存在が大きいことに気がつきました。そのだしも大別すると吸いものだしと煮ものだしに分かれることが判明。吸いものだしは量が多いので、だれしもすぐ気にとめると思いますが、煮もの系になると、いわゆるだしというものの存在は時に影を潜めがち。その煮もの系のだしで、私にヒントを与えてくれたのが、めんつゆでした。

料理を教わってまもない頃、めんつゆだけはなぜか4・1・1などと割合で教わりました。そのめんつゆはたしかにおいしく、たとえばレシピは、4人分で、水（またはだし）1カップ、みりん、しょうゆ各¼カップ、かつお削りぶし20g、昆布5cmというものです。これをすべて鍋に入れ、中火にかけて煮立ったら、1分弱くらいしてこします。これが家庭料理のめんつゆとしてはなかなかおいしいのです。

ある日、これが少し残ったときに、その味をみて、あ、これはどこかで食べた味、知っている味とひらめきました。きんぴらごぼうに適量入れる、野菜の煮ものに煮汁として使いきる、煮魚には酒を足して使うetc…いわゆる天つゆ系のうまだし（喰いだしともいう）以外にいろいろ使えるではありませんか。未熟な私には新鮮な驚きでした。

長じて八方だしというだしの存在を知ったとき、これは、あちらこちらに使いまわしできる八方だしではないかと思いついたわけです。はじめにこのベースをきっちり覚えこんで、つゆどっくりに常備し、日本の家庭料理を中心にしたおかずや酒肴の数々に使いまわすことによって、料理の味つけ上手への道を約束されるといっても過言ではないと思います。さて、この八方だしというのは、日本料理のプロ、つまり料理人の考え方によってさまざまのようです。大まかにあらわすと、だしが8、みりん・しょうゆが1ということで知られてはいますが、この場合、だしが多いので腐敗が早いという難点があります。

その点、市販のめんつゆは便利で、なかなか好調の様子で、種類も年々ふえています。私の教室の生徒さんにたずねてみても9割以上の人たちは、市販のめんつゆを使用して主に夏場の麺類を食べているといいます。しかし、どうもそれ以外にすべなく、他への利用という点はまったく応用がきかないようです。これは、もったいないことです。

めんつゆは、うすめるだけなので、独居人の愛用品でもあるほど親しまれている。この現実は私にとって非常にうれしい着眼点になり、めんつゆから家庭料理の調理と味つけの範囲をひろげることに挑戦してみようと思いたったのでした。

以上のことを整理してみると、次のようになります。

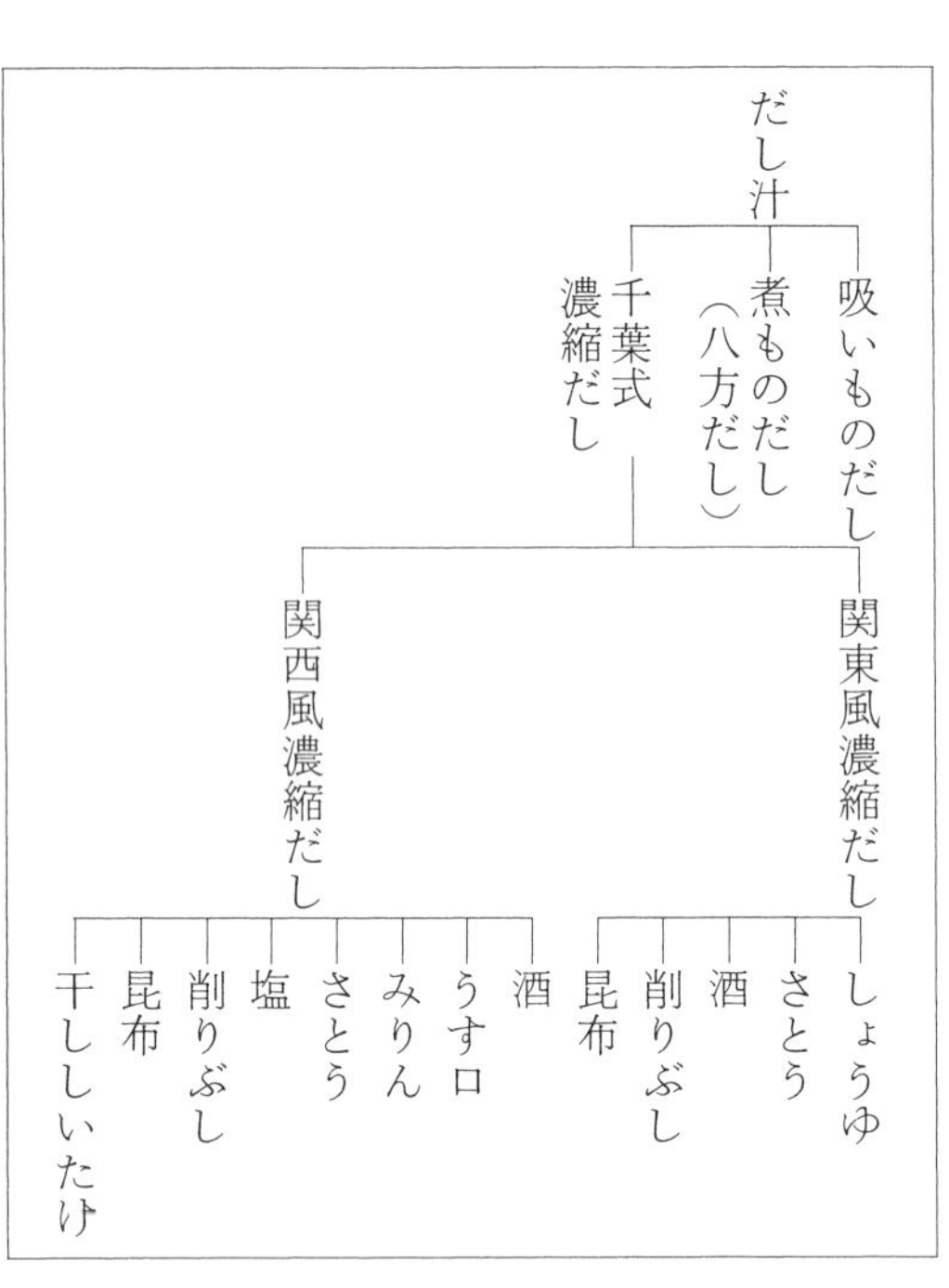

2 関東風濃縮だしのつくり方

♥5分でできて1週間ぶん使える一番だし

〔材　料〕（できあがり3カップ）

こい口しょうゆ600㎖　さとう100g　酒100㎖　削りぶし30g　昆布5×5㎝2枚

〔つくり方〕

① 鍋にしょうゆ、さとう、酒、昆布、削りぶしまですべてを入れ、中火にかけて煮立ったら弱めの中火にし、2分強ほど煮る。

② ボールの上に万能こしを置き、その上にネルによく似たペーパータオルまたはさらし（ガーゼでもよい）を1枚ぬらしてのせる。ここに①を流しこみ、こす。これで濃縮だしはできあがり。そのまま自然放置してさますと、少し濃度がでてきて、つくりたてよりもまったりとしてくる。

このあとふたをして冷蔵庫に保存する。

※このとき、だしがらにまだ水分が残っていてもしっか

関東風濃縮だし

①材料一覧（左からかつおぶし，こい口しょうゆ，酒，さとう，昆布）

②材料を全部鍋に入れて煮る

③こす

④できあがり。ふたをして冷蔵庫に

りしぼらないこと。ほんの軽く箸の先で押すだけでよい。二番だしに活用できるので惜しくはない。

※こすときにペーパータオルで受けるのは、だしをこすときの鉄則。だしがらを取り出しやすいだけでなく、とっただしの純度を保つため。以前は本物のネルでこしていたそうで、コーヒーのドリップを思い出していただければよい。

※このだしも、一般のだしも、だしを引くときは鍋にふたをしない。ぬるついたり、水っぽくなったり、いやなにおいになったりしないためである。洋風も中華風も同じ方法である。

ついでに申しあげると、洋風や中華風のだし汁を引く手間、時間に比べて和風のだしはなんて短時間にできるのでしょう。

♥もう5分かけて二番だしをつくる

濃縮だしを引いたあとのだしがらには、うまみと調味料がまだ残っています。

これに分量の水を加えて煮だしたところ、天つゆに近い美味(うま)だしができました。

〔材　料〕（できあがり3カップ弱）

濃縮だしを引いたあとの昆布と削りぶし　水3カップ

〔つくり方〕

① 濃縮だしを引いたあとの昆布と削りぶしをそっとこし器からはずし、鍋に入れ、水3カップを加えて中火にかける。煮立ったら沸騰を保つ火加減に弱め、3～4分煮る。

② これも濃縮だし同様にこす。ペーパータオルの両端をもって軽くしぼってもかまわない。

※うす味なので日もちはしないので、冷蔵庫で2～3日、夏場は1日ぐらいとみておく。とりあえずは冷凍して煮もののだしに使うなど、早く使いきるように。

♥おまけの佃煮をつくって捨てるところなし

〔材　料〕

濃縮だしの二番だしを引いたあとの昆布と削りぶし・さとう・しょうゆ各適宜　炒りごま（白）大さじ4～5杯

〔つくり方〕

① 削りぶしの水分を容器にしぼっておく（この汁は少しだが、炒りつけるときに使う）。削りぶしをまな板にのせ、ざくざくと切る（ふりかけになる大きさをめやすに）。

② ①としぼった汁を鍋に入れ、このままでは味がうすいので好みの分量のさとう、しょうゆを補う。

③ ②を弱めの中火にかけて箸でさばきながらから炒りをする。2～3分炒りつけて味がしっかりついたところで炒ったごまをたっぷりまぜて火を止める。

※昆布は2度もだしを引いているのでやわらかめになっているが、食べてみてかたいときには別に煮ておいてもよい。中に入れるものは、炒った松の実、ちりめんじゃこなどお好みの素材を楽しんでみよう。炒りつけるときに水分が足りなければ、水または酒を補う。もちろん、濃縮二番だしをもどしてやってもよい。この出がらし利用の佃煮はふりかけとしてもよく、かつおの蛋白質をはじめ、昆布・ごまを含めて、白飯に欠けている栄養素を補うメリットがあります。

3 関東風濃縮だしをいかしたレシピ

（注）この3で表記している「だし」は、72ページの2で紹介した関東だしを指していますが、一部、104ページ以下で紹介した関西だしを使っているものもあります。そのレシピにその旨記しています。

❖煮魚

味つけは大まかに三様くらいあります。青魚や、脂がのっている魚、少し鮮度の落ちている魚などはこいめに仕立てます。もう一つは淡白で鮮度のいい魚（これはぜいたくなので、この節あまり家庭ではできない）をさっとうす味で仕上げるものです。料理の本のレシピは前者が多いか、その中間の味つけくらいをめやすにしているものが多いようです。

●金目鯛の煮つけ

〔材料〕

金目鯛切り身2～4切れ　なす3コ　貝割れ菜1パック　しょうがのうす切り3～4枚　煮汁（濃縮だし40～50㎖　水½カップ　みりん・酒各¼カップ）

〔つくり方〕

① 金目鯛の切り身はざっと洗い、水気をふきとる。なすは縦半分に切り、皮目にかのこに包丁目を入れ、水にさらしてザルにあげる。貝割れ菜は根をつけたまま洗う。

② 鍋に煮汁を計って入れ煮立て、金目鯛の皮を上にして1枚ずつ並べて入れる。再び煮立ったら弱めの中火にして1～2分煮る。表面が少し白っぽくなったらアルミホイルまたは魚に直接触れないようなふたを上からして、そのまま7～8分煮る。ふたをとって、煮汁をすくって魚の表面にかけ、ツヤよく仕上げる。

③ 魚を静かにフライ返しなどで皿にとりだす。

④ 残った煮汁に水またはだしを½カップ加え、煮立てる。なすを皮目のほうから入れて、再び煮立ったら2分くらい煮て裏返し、さらに2～3分煮る。

⑤ さっとゆでて根元を落とした貝割れ菜、④のなすを③の魚につけ合わせる。

※同じように、いかの煮つけ、さば、子持ちかれい、太

刀魚などにもこの煮汁が合う。魚の脂ののり方、大きさ、鮮度、種類、特徴によって「だし」の量を加減するとよい。みりんがないときは、さとうをみりんの半量使う。もちろん甘さをきらう方、酒肴にするときは、みりんをひかえめにする。

この味つけは、ごはんに合うこってり味になる。煮汁にだしがでているのでつけ合わせの野菜を煮るときは、水でもよく、お好みでうすめのだしでもかまわない。野菜は他にいんげん、じゃがいもなど。

❖焼きとり、鍋照り、つけ焼きのタレ

●焼きとり

〔材　料〕
鶏もも1枚（約250g）　長ねぎ1本　竹串　タレ（だし大さじ2杯　みりん大さじ2杯）　七味唐辛子

〔つくり方〕
① 鶏もも肉はひと口大に切る。長ねぎは、白い部分を2cmのぶつ切りにする。
② 竹串に①を交互にさす（竹串は水につけてしめらせておく）。
③ グリルまたはオーブン、金あみなどで②を焼く。九分どおり火が通ったところで、合わせておいたタレを3～4回に分けて、つけながら焼く。七味唐辛子をふってすすめる。

※焼きとりのタレは、焼いている鶏からタレに肉汁のうまみがとけてて、さらにおいしくなったところで、焼きとりにもどしてやるためにたいへん合理的である。このタレが残ったら新しいタレに合流するので、貴重なタレとして順送りに使いまわせるメリットがある。

●鶏の鍋照り

〔材　料〕
鶏もも1枚（300g）　サラダ油小さじ2杯　a（だし大さじ1.5杯　みりん大さじ1.5杯　水または酒小さじ2杯）
粉山椒　サラダ菜

〔つくり方〕
① 鶏もも肉は、皮目をフォークなどで突いて、ちぢまないようにしておく。
② フライパンを熱し、サラダ油を入れ、①を皮のほうから入れてきつね色に焼く。裏返して身のほうも焼き、焼き色がついたら火を弱め、ホイルでふたをして九分どおり火

を通す。箸がスーと通ったら、ふたをとりaのタレを加え、2～3分、動かしながら照り煮にし、途中裏返して汁をからませ、タレがツヤよくトロリとなったら火を止める。食べよい大きさに切り分け、サラダ菜とともに盛り粉山椒をふり、すすめる。

❖そばつゆ

いわゆるつけめんのつゆです。これは関東風濃縮だしですから、一番ぴったりくるのは、そばということになりますが、うどん、冷や麦、そうめんにも大丈夫。さらにレシピしだいでは冷やし中華にだってイケるのです。

自在にうすめてみましょう。つゆどっくりには少しねかせたつゆ、水差しにはよく冷えた良質の水を用意します。あとはゆでたてのめんと、お好みの薬味でオーケーです。

●ざるそば（もりそば）

〔材　料〕（約2人分）

乾そば200g　薬味（長ねぎの小口切り　七味唐辛子　ねりわさび）　そばつゆ（だし大さじ2杯　水大さじ6杯）　のりの細切り

〔つくり方〕

① そばは熱湯でゆで、ザルにあげ、すぐ冷水で洗って水気を切る。

② そばつゆをつくる。だしを水でうすめ、1人分のつゆをおおよそ60㎖をめやすにつくる。

この水の量は多少好みで変わるので、つゆの量を多めにつくっておくか、卓上で各自が調合するのもかえって楽しいでしょう。他にゆでたての冷やしうどん、冷や麦、そうめんというように、麦（むぎ）の太さの順にだしをうすめてみましょう。

●冷やし中華のタレ

〔材　料〕

先のそばつゆ2人分のできあがり同量（酢大さじ2杯、さとう大さじ1杯、ごま油大さじ1杯、炒りごま大さじ1杯）

そばつゆにさらに（　）の調味料をプラスして即席冷やし中華のスープをつくってみましょう。甘さ、酢の加減は好みですし、水のところを中華スープの自家製などでお試しになってみてください。

❖丼つゆ

天丼に関していえば、天ぷら屋さんの天丼、そば屋さんの天丼、家庭の天丼、と3つに分けられると思います。家庭の天丼はそば屋さんの天丼にやや近く、家で揚げた天ぷらの残りをお母さんが仕立て直してくれるおふくろの味といえましょう。

今回のだしでは前者、天ぷら屋さんの天丼とリフォーム天丼の2種にチャレンジしてみました。お好みと事情に合わせてお試しください。

●かき揚げ天丼（天ぷら屋さん風）

〔材　料〕

芝えびなど小えび300g　たまねぎ小1コ　根みつば1把　天ぷら衣（卵小1コと水で1カップ　小麦粉1カップ強）　揚げ油　丼つゆ（だし大さじ3杯強　水180mℓ　みりん大さじ2杯　さとう大さじ1.5杯）　ごはん丼4杯

〔つくり方〕

① えびはからをむき、背ワタをとり洗って水気をふき、分量外の小麦粉をまぶす。たまねぎは縦半分に切り、うす切り。みつばは3cmに切る。

② ボールに卵・水を入れてよくときほぐし、小麦粉を加えてさっくりまぜる。

③ ②に①を入れてざっとまぜ、小鉢などに4つに分けて入れる。

④ 揚げ油を180℃に熱し、③を1つずつ入れ、じっくり揚げる。

⑤ 丼つゆを小鍋に盛り、天かす少々加え、3～4分とろ火で煮つめてトロリとさせる。

⑥ あついごはんを丼に盛り、⑤のつゆを少しかけ、④の天ぷらをこのつゆにくぐらせ、ごはんの上にのせる。つゆも上から少しかける。

●かき揚げ天丼（そば屋さん風）

だし1、水3の割合のそばつゆより少しうすめに2人分のつゆをつくり、好みでさとうかだしと同量のみりんを入れ、小鍋に入れて煮立て、かきあげ丼のときと同じかき揚げを入れてさっと煮て、あつあつのごはんにのせる。

※家庭風のリフォームのときは天ぷらが冷たいので少し煮るため、器量が落ちるのはしかたがない。

●かき揚げ天丼（千葉家風）

〔材　料〕

だし汁1と3/4カップ　みりん・しょうゆ各1/2カップ　さとう大さじ3杯　天かす少々（注・だしではなくだし汁＝昆布と削りぶしの一番だし）

〔つくり方〕

鍋にすべての材料を入れ、とろ火で10～15分煮つめ、少しトロリとした感じに仕上げる。しょうゆの一部をたまりじょうゆにしたり、さとうはざらめや三温糖を少しまぜてみてもよい。丼に入れたごはんの上に天ぷらをのせ、たれをかける。

※このタレだと天ぷらがくずれず、ごはんもうなぎのタレがしみている程度にパラリ、ハラリとした感じで、天ぷらとのなじみもよくいただける。

●親子丼

〔材　料〕（4人分）

鶏もも肉300g　長ねぎ（細め）2本　卵大さじ4コ　みつば10本　ごはん適量　煮汁（だし大さじ4杯　水1と1/4カップ　みりん大さじ3～4杯）

かき揚げ天丼（千葉家風）

〔つくり方〕

① 鶏肉は皮のまわりのよぶんな脂をとり、ひと口大に切る。

② ねぎは斜めうす切りに、みつばは2㎝長さに切る。

③ 卵はときほぐしておく。

④ 丼もの用の小鍋に親子丼の煮汁の1/4量を入れ、①の鶏肉の1/4量を皮目を下にして入れ、②のねぎの1/4量を散らして火にかける。鶏肉に火が通ったら③のとき卵の1/4量を全体にまわしかけ、②のみつばを散らしてすぐふたをして卵に火を通し、好みのかたさに仕上げる。

●かつ丼

〔材　料〕

とんかつ(ロース4枚)　たまねぎ1コ　卵4コ
万能ねぎ少々　ごはん適量　煮汁(だし大さじ4.5〜5杯　水2カップ　みりん大さじ3〜4杯)

〔つくり方〕

① とんかつは1枚を5つに切る。たまねぎは半分に切って、縦にうすく切る。万能ネギは2㎝に切る。

② 卵はときほぐしておく。

③ 丼もの用の小鍋または小さなフライパンにかつ丼の煮汁の1/4量を入れて火にかけ、煮立ったら①のたまねぎの1/4量を敷き、とんかつ1枚分を並べる。再び煮立ってきたら、②の卵の1/4量を流し入れ、万能ねぎを散らして、ふたをして好みのかたさに火を通す。

④ 丼にあつあつのごはんを盛り、③をすべらせるようにのせる。

※かつ丼はとんかつのボリュームがあるので、煮汁を多めにする。たまねぎが入るため甘めになるので、みりんは好みで調節する。

❖天つゆ

天つゆは基本的にはそばつゆと同じめやすでかまいませんが、これもうすい色のものもあったりさまざまです。油の衣のインパクトに負けないようなしっかり味となりますと、そばつゆより少しうすめくらい、だし1に水が4ほどの割合になります。

●天つゆ

〔材　料〕(4人分)

だし大さじ4杯　水240㎖

〔つくり方〕

だしと水を合わせて小鍋に入れ、さっとわかす。あつあつ天ぷらにはあつい天だしを添えてすすめる。

〈参考〉揚げだしつゆ

揚げだしはなす、豆腐など簡単でおいしい一品です。生じょうゆをかけるだけでもよいのですが、それではあまりにも味気ないではありませんか。参考までにおいしい揚げだしをご紹介しましょう。

●なすの煎りだし（揚げだし）

〔材　料〕

なす6コ　揚げ油　大根おろし1カップ　みょうが4本　おろししょうが少々　揚げだしつゆ（だし大さじ4杯、水1カップ）

〔つくり方〕

① なすは縦半分に切り、皮目に斜め格子に包丁目を入れ、2つに切って水にさらしザルにあげ、よく水気をふく。

② ①を180℃の揚げ油で皮目のほうから入れて揚げ、裏返して、あざやかな色になったらとりだして油をよく切る。

③ なすを器に入れ、たっぷりの大根おろしをのせ、おろししょうが、みょうがの小口切りをのせ、さっとわかした揚げだしつゆを上から静かに張ってすすめる。

※他に豆腐の揚げだし、はさみ揚げのつゆ、卵豆腐、ごま豆腐などのつゆは、美味（旨）だしともいって、この天つゆの味の周辺にあるものとみてさしつかえありません。

❖かけそば、かけうどん

そばつゆの項では、つけめんですから、だしが1、水が3の割合をめやすとしましたが、今度は汁を吸う、もっとうすい汁になるわけです。

割合としては、だしが1に対し水が6～7くらいになります。つまり、そばつゆを2倍にうすめると、これは単なるかけそば（うどん）の場合と覚えましょう。カレーうどん、鴨南蛮、天ぷらそばのときと少し違います。シンプルなかけそば（うどん）の場合は、もう少し水をふやしてもよいと思います。

ここでは7倍にしてみました。

●かけそば（うどん）

〔材　料〕

そば（またはうどん）玉＝ゆでたもの4玉　きざみねぎ適量　七味唐辛子　かけつゆ（だし¾カップ　水5カップと¼）

〔つくり方〕

① 鍋にたっぷりの熱湯をわかし、小さいザルにそばを1玉入れて、再び煮立ったら1分ほどゆでて、水気をよく切り、丼に入れる。

② 鍋にかけつゆを入れて沸騰させ、あついところを①のそばに張る。ねぎをのせ、薬味をふる。

※うどん玉の場合は、小さいそば専用のザルなどに入れるよりも、4人分を熱湯にすべて入れて再び煮立ったら2〜3分よくゆでて、うどん玉がかま上げのようにふっくらしたら大きなザルに一気にあげて、丼に分け入れたほうがベスト。

●カレー南蛮

〔材　料〕

そば（またはうどん玉）4玉　たまねぎ大½コ　きざみねぎ適量　七味唐辛子　豚コマ200g　かけつゆ（だし180㎖　水6カップ）　片栗粉大さじ3杯　カレー粉大さじ2と⅔杯

〔つくり方〕

① たまねぎはうす切りにする。豚コマは食べよい大きさに切る。

② 片栗粉とカレー粉を合わせ、水50㎖と合わせておく。

③ 鍋にかけつゆを合わせて煮立て、豚コマを入れ、ひと煮立ちしたら、アクをすくい、たまねぎを入れ、かきまわしながら②を流し入れ、とろみがついたら、熱湯を通したそばまたはうどん玉を入れた丼に注ぎ入れる。好みで薬味のねぎ、七味を添える。

※肉うどんにしたいときは、片栗粉、カレー粉の部分を省いてつくればよい。ただし片栗粉を使っているぶんだけ、だしの分量と総水量をふやしているので、かけそばのだしの配合にもどすこと。

❖おでん

断るまでもなく関東風おでんです。色ほど味がこくありませんが、お好みの材料をとり合わせてお楽しみください。

〔材　料〕（だし1、水10〜11）

ねり製品（はんぺん、さつま揚げ、つみれ、福袋、ちくわなど）適量＝1人分約150〜200g　煮昆布50㎝　大根

1/3本（約350g…2cm輪切り4切れ分）　こんにゃく1/2枚　米のとぎ汁適量　とき辛子　煮汁（だし100mℓ　水6カップ）＋酒大さじ2杯・みりん大さじ2杯

〔つくり方〕

① こんにゃくはゆでて厚みを半分に切り、さらに三角形に切る。

② 大根は2cm厚さの輪切りにして皮を厚くむき、片面に十文字に隠して包丁を入れて、米のとぎ汁で竹串がスーと通る程度にゆでて水でよくゆすぐ。

③ 煮昆布は長さを4等分して、さっと水を通してしめらせ、結んでおく。ねり製品は熱湯をかけ、油ぬきする。

④ 大鍋にこんにゃく、大根を入れ、煮汁をかぶるくらい加え、火にかける。煮立ったらアクをとり、昆布を入れて30分くらい弱火で煮る。

⑤ ④の鍋にねり製品を入れ、ふたをしないで5～10分煮て火を止め、あついところをとき辛子をつけていただく。煮汁が不足になったら予備を補う。

❖すき焼き（関東風割り下）

〔材　料〕

牛すき焼き用肉400～600g　白たき2玉　焼き豆腐1丁　焼き麩（丁字麩、庄内麩、車麩など）　春菊1把　長ねぎ3本　牛の脂身少々　卵4コ　だし汁適量（または昆布だし）　関東風割り下（だし50mℓ　みりん75mℓ　酒・水各1/4カップ　さとう少々）

〔つくり方〕

① 牛肉は食べやすい大きさに切る。

② 焼き豆腐は半分に切ってから端から2cm厚さに切る。

③ 白たきはさっとゆでて食べやすい長さに切る。

④ 焼き麩は水でもどして軽く水気をしぼる。

⑤ 春菊は下のかたい部分を切り、ねぎは斜め切りにする。

⑥ すき焼き鍋をよく熱し、脂身を入れてとかし、ねぎ、牛肉を入れて焼きつけ、割り下をひたひたに注ぐ。他の材料も加えて煮えてきたら、とき卵をつけていただく。割り下を足しながら煮て、煮つまったら、だし汁または昆布だしを加える。

※割り下は、小鍋にみりん、酒を入れて火にかける。煮立ったら、水、だし、好みでさとうを加えて、ひと煮立ちさせる。

❖雑　煮（関東風）

江戸風・関東風といっても、ちょっとおシャレなデザインにしてみました。私の教室では、中に入る鶏肉を、別に酒を中心にしただしで炊いておき、天盛りには柚子の他にたっぷり金箔をのせて、ハレの日の雑煮に仕立てます。冬の色らしいみごとな京にんじんのあでやかさとかわいらしいすず菜もハレの日の演出にピッタリです。

〔材　料〕
もち小8切れ　鶏もも肉100g　大根と京にんじん少々　みつば4株　柚子　金箔　汁（だし50mℓ　水630mℓ）

〔つくり方〕
① 鶏肉はひと口大に切る。
② にんじんは7ミリ厚さの輪切りにし、梅型で抜き、下ゆでしておく。みつばは色よくゆでておく。もちはこんがり焼く。
③ 煮汁を合わせて火にかけ、煮立ったら鶏肉を入れてアクをすくい、2〜3分煮る。
④ お椀に焼きもち、③の鶏をだして等分に入れる。もら

雑　煮

の上にみつば、大根と京にんじんをのせ、あつあつの汁をかけ、柚子・金箔を天盛りにしてすすめる。

❖煮もの

◎おふくろの味の定番

煮ものとひと口にいっても、じつにたくさんの種類があり、分け方もいろいろ。通常、関東風は濃厚に、関西風はうす味に仕上げるとされます。

ここではまず、おふくろの味の定番といわれるような、おなじみのごはんのおかずを中心に紹介します。いろいろお試しになって、関東だしの万能ぶりをお楽しみください。

●肉じゃが

おなじみの肉じゃがは材料こそ似ていても、つくり方はまちまちのようですが、私の、我が家のやり方でよいのです。煮汁のだしも牛肉を使っていれば水だっていいし、材料を炒めるやり方も、肉だけ炒めてとりだす方法など、これだけは人まねでなくわが家のつくり方だというのが多い料理だと思います。

ここでは濃縮だしを使った肉じゃがを作ってみます。

●定番肉じゃが

誰が命名したか、この明快な呼び名にぴったりの肉じゃがは濃縮だしを使うことで、悩むことなくスッキリと味つけに成功するはずです。

〔材　料〕

牛コマまたは切り落とし300g　じゃがいも600～700g　たまねぎ中一コ　白たき小1袋　絹さや10枚　サラダ油大さじ3杯　煮汁（だし70mℓ　水500mℓ　酒大さじ2杯　みりん小さじ2杯～大さじ1杯）

〔つくり方〕

① 牛肉は食べよい大きさに切る。
② じゃがいもは皮をむいて、1コマを4つか6つに切り、水にしばらくさらし、ザルにあげる。
③ たまねぎはうす切り。白たきは下ゆでして適当に切り、絹さやは筋をとって塩ゆでし、半分に切る。
④ 鍋に油を熱して、牛肉を色が変わるまで炒め、たまねぎ、じゃがいも、白たきの順に加えてさっと炒め合わせる。
⑤ 煮汁をひたひたに加え、煮立ったらアクをのぞいて火を弱め、ふたをしてじゃがいもがやわらかくなるまで煮る。

⑥　ふたをとり、鍋返しをして汁気をとばすようにし、絹さやを加えて全体をまぜてできあがり。甘さは好みなので、たまねぎの量や牛肉の質に応じてさとうを入れてもよい。
みりんは鍋返しの少し前ぐらいに入れることもある。肉にいいうまみがあるときは、さとう、みりんはなくてもよい。

●牛肉のそぼろ

少しくらい安いひき肉でもさっとゆでてこぼすので脂もぬけてパラパラになって、とても扱いやすくなるつくり方です。

〔材　料〕
牛ひき肉150g　a（だし大さじ1杯　みりん大さじ1.5杯　さとう小さじ1杯）　しょうが汁少々

〔つくり方〕
①　熱湯をわかし、ひき肉のすべてを入れ、箸でパラパラほぐし、再び煮立ったらザルにあげる。
②　①を小鍋に入れ、aの調味料をすべて加えて中火にかけ、汁気が煮つまるまで箸でさばきながら炒りつける。しょうが汁少々を加えて火を止める。
※しょうが汁は皮つきのまま粗いおろし金でおろして汁をしぼると、香りが引き立つ。

●お煮しめ

中心になる根野菜類の下処理にはじまり、煮る手順、時間でまごつく方も多いと思いますが、この煮方だと分量の関東だしを入れるだけなのでむずかしくありません。
よりおいしくのポイントは落としぶたに削りぶしの布袋をのせるところです。

〔材　料〕
ごぼう1本　れんこん中1節　干ししいたけ6～8枚　こんにゃく1枚　ゆでたけのこ中2コ　a（さとう大さじ1.5杯　酒大さじ2杯）　b（かつお削りぶし20g）　だし大さじ3～4杯　みりん大さじ1杯　にんじん小1本（関西濃縮だし大さじ2.5杯　さとう大さじ1杯　水1カップ）　絹さや50g（関西だし大さじ1.5杯　水½カップ　塩少々）　手まり麩8コ（関西だし大さじ2.5杯　みりん大さじ1杯　水1カップ）

〔つくり方〕
①　ごぼうはたわしでこすって洗い、泥くささをとり、乱切りにして水にさらす。れんこんは皮をむいて輪切りにし、水にさらす。干ししいたけはもどして3つか4つにそぎ切

りにし、こんにゃくは手綱にして下ゆでし、たけのこは缶詰なのでさっとゆで、4つに切る。

② ガーゼまたはさらしで20㎝四方の袋をつくり、削りがつおを入れ、口を折りたたむ。

③ 鍋にたけのこ、水気を切ったれんこん、ごぼう、こんにゃく、干ししいたけを入れ、ひたひたの水(3〜3.5カップ)を注ぎ、火にかけ、煮立ったらアクをすくい弱めの中火にする。

④ ②の削りがつおのふたと鍋ぶた(アルミ箔でよい)をして、10分煮る。

⑤ aを加えてさらに15分煮る。

⑥ 関東だしの2/3量を加え、さらに10分煮て、削りがつおの落としぶたをとりだす。

⑦ 鍋ぶただけでさらに10分煮るが、途中1〜2回鍋返しをし、煮汁を含ませる。

⑧ 味が足りなければ残りのだしを加え少し煮る。ふたをとり、みりんを加えて全体にからむようにまぜ、煮汁を残しながらもキリリと煮あげる。にんじん、絹さや、手まり麩を「関西だし」の項を参照してつくり、彩りに加えて盛り合わせる。

※火加減は沸騰を保つ程度の弱火で、気長にとり組んでじっくり味をしみこませるのがコツ。鍋の大きさ、分量にもよるので補充の水または昆布だしを用意するとよい。材料は他に焼き豆腐、里いもなど。

●肉豆腐

〔材　料〕

牛コマ切れ肉200g　木綿豆腐1丁(300g)　白たき½袋　長ねぎ大1本　春菊またはせり適量　煮汁(水2カップ　だし¼カップ　酒大さじ1杯　さとう小さじ2杯)　サラダ油大さじ1.5杯

〔つくり方〕

① 豆腐は8つの奴に切る。

② 白たきはさっとゆでてザルにあげ、食べやすいように小さくひと結びしておく。

③ 長ねぎは斜め切りにし、せりまたは春菊は長さを3つに切る。

④ 鍋に油を熱して肉を炒め、肉の色が変わったら煮汁を加える。煮立ったらアクをすくい、豆腐と白たきを入れて中火で12〜15分煮る。

⑤ 長ねぎを加えてさっと火を通し、せりなどの青味を入れて再び煮立ったら火を止める。

●にしんとたけのこの煮もの

〔材料〕

生干しにしん(半身のもの)4本　ゆでたけのこ中1本　煮汁(水3カップ　酒½カップ　さとう大さじ1.5杯)　だし大さじ2.5~3杯　さとう・みりん各大さじ1.5杯　大豆の水煮½缶(75g)　しょうがのうす切り2~3枚

〔つくり方〕

① にしんは1本を4つに切って熱湯をかけ、次にさっと水洗いする。たけのこはにしんの大きさに合わせて輪切りか半月切りにする。

② 鍋に煮汁を煮立て、①、しょうがのうす切り2~3枚、大豆の水煮を入れ、煮立ったら落としぶたをして約10分煮る。だしの半量と残りのさとうを加えてさらに10分煮て、味をみて残りのだしを足してさらに10分煮る。仕上げにみりんを加え、ふたをとって汁を煮つめる。

●大根と豚バラ肉の大和煮

大根は豚肉をやわらかくし、隠し味に加える少量のみそは豚肉のクセをカバーして、ほどよいコクをプラスする大切な役割を果たします。調味料は分けて加えているところにご注意ください。薬味はねり辛子です。

〔材料〕

豚三枚肉(バラ肉)800g　大根小1本(800g)　水3カップ　酒½カップ　さとう大さじ3杯　だし大さじ4.5~5杯　みりん大さじ2杯　みそ小さじ⅔杯　貝割れ菜1パック　ねり辛子適量　サラダ油大さじ1杯

〔つくり方〕

① 肉は2.5cm角に切り、油を熱した鍋に2、3コずつ入れ、両面をこいめのきつね色になるまでよく焼きつける。すべて焼き終わったら油を捨て、たっぷりの熱湯をかけて充分に油ぬきをする。

② 大根は5cmの輪切りにして皮をむき、縦4つか6つに切って軽く面とりをする。

③ 鍋に肉と大根を入れ、水と酒を加えて火にかける。煮立ったらアクをすくって中火にし、アルミ箔の落としぶたをして約15分煮る。

⑤ 大根がやや透き通ってきたら、さとうの½量を入れて約10分煮、残りのさとうとだしの½量を加えて再び10分くらい煮る。さらに残りのだしを加えて7~8分煮、みりん

大根と豚バラ肉の大和煮

とみそを加えて汁気がほとんどなくなるまで、こがさないようにして煮あげる（この間、落としぶたははしたまま）。

⑤　器に盛り、さっとゆでた貝割れ菜を添え、ねり辛子を天盛りにする。

《かぼちゃの煮もの三題》

●かぼちゃの直煮

〔材　料〕

かぼちゃ（わたつき）600g　a（さとう大さじ4杯　みりん大さじ2杯　だし大さじ2.5杯）

〔つくり方〕

①　かぼちゃは3cm角ほどに切り、角を軽く面とりし、皮をところどころうすくむいて、かためにゆでる。

②　①のゆで汁をひたひたより少なめに残し、aを加えてさらに4〜5分煮て汁を全体にまわしかけ、しばらくおいて含ませる。

※かぼちゃにより甘味は加減する。含ませないでもう少し煮て汁をほとんどなくして、ホックリと仕上げてもよい。また、ヒタヒタよりやや少なめの水とaをはじめから加えて火にかけ、煮立ったら紙タオルなどの紙

ぶたをして煮あげてもよい。

●鶏団子とかぼちゃの炊き合わせ

〔材　料〕
鶏ひき肉400g　みそ小さじ2杯　片栗粉大さじ2～3杯　水大さじ3杯　卵½コ　a（水4カップ　みりん大さじ4杯　関西だし大さじ2.5杯）　絹さや少々
かぼちゃ500g　b（水2カップ　関東だし大さじ2杯　塩小さじ¼杯　みりん大さじ4杯　さとう大さじ2杯）

〔つくり方〕
① ひき肉をすり鉢に入れ、みそを加え、よくすりまぜる。分量の片栗粉に水を少しずつ加え、卵もといて加えながらよくすりまぜる。ひと口大にとり、aの煮汁を煮立てた中に入れて、煮立ったらアクをすくい、12～13分煮る。
② かぼちゃは種をとり3cm角に切り、皮をところどころむいて、bの煮汁に入れて火にかける。沸騰したらアクをすくい、火を弱めて、落としぶたをして10～15分煮る。
③ ①と②を盛り合わせて（絹さや）をさっとゆでて添える。

●かぼちゃの含ませ煮（煮含め）

〔材　料〕
かぼちゃ400g　a（関西だし大さじ2杯　水¼カップ　みりん大さじ2杯　さとう大さじ2～3杯）

〔つくり方〕
① かぼちゃは前述と同じ下ごしらえをする。水から火にかけてかためにゆであげ、ザルに静かにあける。
② aの煮汁を煮立てて①を入れ、煮立ったら火を弱め、5～6分落としぶたをして静かに煮て火を止め、そのまま含ませて味をしみこませる。

※この炊き方は料理屋さんの「ふた向こう」といって、煮ものの炊き合わせに美しく1切れ盛られていたりするときの方法。さとうに幅をもたせたのは他の盛り合わせ材料との味のバランスを考えて。この方法は煮くずれの心配がない。少しおいておき、盛りつけるときに再びさっとあたためる。夏場の冷やし鉢の場合は、このまま冷やす。

❖電子レンジでつくる煮もの

◎少しだけ速くつくりたい

少しだけ、速くできればという方のために、好評ア・ラ・カルトをご紹介いたします。お弁当や酒肴などにもたいへん重宝します。

※加熱時間は出力500Wの電子レンジの㊙での時間。600Wや400Wの場合は増減をします。

●いわしの実山椒煮

〔材 料〕

いわし250g（小5尾） a（だし大さじ2杯 みりん・実山椒の佃煮各大さじ1杯 酒大さじ1杯 さとう小さじ1.5杯 しょうがの千切り小½片分）

〔つくり方〕

① いわしはうろこをさっととり、頭を落とし、内臓をだして中をよく洗う。水気をふき、1尾を3つにぶつ切りにする。

② ①を器に入れてaのすべてを加え、ラップをして2分加熱する。

③ ラップをはずして汁を全体にかけ、さらにラップをして2分加熱する。

※時間が足りなければ、さらに30秒～1分ラップをして加熱する。もう少しのときはラップをしたまま、30秒

いわしの実山椒煮

から1分むらしておくと余熱が入る。

●レバーのしょうが煮

体によいとわかっていながら、好ききらいのあるレバーも、このように少量ずつつくって身近な常備菜として親しんでいただけたらと思います。

〔材　料〕

鶏レバー（砂肝、ハツなどもとりまぜて）200g　しょうがの千切り適宜　a（だし・酒各大さじ2杯）

〔つくり方〕

① 鶏レバーはひと口大に切り、さっと洗って水気を切る。

② ①、しょうが、aをまぜ、器に入れ、ラップをして2分加熱。

③ ラップをはずし全体を軽くまぜ、さらにラップをして2分半加熱。まだ赤味を帯びていたら、約30秒追加するか、ラップのままむらす。

※2〜3時間味を含ませると、より味がしみてこってりとしたおいしさになる。

●豚コマとザー菜のさっと煮

〔材　料〕

豚コマ切れ肉80g　ザー菜20g　赤ピーマン½コ　黄にら適量　a（だし小さじ1.5杯　酒大さじ1杯　ごま油小さじ1杯）

〔つくり方〕

① 豚肉とザー菜は食べやすい大きさに切り、赤ピーマンはさいの目に切る。

② ①を器に入れて手でまぜ合わせ、ラップをして2分加熱する。ラップをはずし、3cmに切った黄にらを加えてひと混ぜする。

●きのこの佃煮風

〔材　料〕

きのこ（本しめじ、えのきだけ、なめこなど合わせて）200g　a（だし大さじ2杯　みりん大さじ2杯　酒小さじ1杯）

〔つくり方〕

① しめじ、えのきだけは石づきをとり、小房に分け、2つに切る。なめこはそのまま。

② ①とaを合わせてまぜ、ラップをして2分加熱する。ラップをはずし、全体をまぜる。

●炒り鶏風

〔材　料〕

鶏もも肉1枚（約200g）　こんにゃく⅓枚　ごぼう・ゆでたけのこ・にんじん各50g　生しいたけ3枚　冷凍グリーンピース適量　a（だし大さじ3.5〜4杯　酒・さとう各大さじ3.5杯　水大さじ3杯　みりん大さじ1杯　サラダ油小さじ2杯）

〔つくり方〕

① 鶏肉はひと口大に切る。

② ごぼうは小さめの乱切りにし、水に放す。こんにゃくはひと口大にちぎってさっと下ゆでする。たけのこ、にんじんはごぼうと同じ大きさに切る。しいたけは石づきをとって2つに切る。

③ 大きめの器に①の材料すべてとaを入れて全体をまぜ、ラップをして5分加熱。

④ ③のラップをはずし、上下を返してまぜ、再びラップをして5分加熱。

⑤ ラップのまま約2分むらして、さっとゆでたグリーンピースをまぜる。

●じゃがいもとじゃこの煮ころがし

〔材　料〕

メークイン（小）400g　返りじゃこ20g　a（水¾カップ　関西だし大さじ1.5〜2杯　さとう小さじ1杯）　貝割れ菜少々

〔つくり方〕

① メークインは洗って皮つきのまま平らな器に並べ、ラップをして7分加熱。

② じゃこは皿に入れ、ラップなしで15秒加熱。

③ ①、②、aを合わせラップで落としぶたをし3分加熱し、ラップをはずして器に盛り、貝割れ菜の葉先をつまんで散らす。

※新じゃがの季節に小ぶりのポテトをまるごと使う。じゃこはレンジ加熱で乾燥させるので、生臭みがとれる。

●うどの白煮

〔材　料〕

うど100g（皮つきで200g）　a（水½カップ　関西だし大さじ½杯　塩小さじ⅕杯　みりん小さじ½杯）　酢適宜

〔つくり方〕

① うどは4cm長さに切り、皮の内側の筋の下まで包丁を入れて皮を厚くむき、酢水に約10分つけてアク抜きをする。

② ①をさっと洗って器に入れ、よくまぜ合わせたaを注ぐ。ラップして2分加熱し、煮立てる（煮立たないときはさらに少し加熱）。

③ ラップをはずし、汁につけたまま味を含ませる。

●かぶと油揚げの煮もの

〔材　料〕

かぶ2コ　油揚げ1枚　a（水½カップ　関西だし大さじ1.5杯　みりん・酒各小さじ1杯）

〔つくり方〕

① かぶは茎を少し残し、4つ割りまたは半分に切り、皮をむく。油揚げは熱湯をかけて油ぬきをし、4つに切る。

② 器に①を入れ、aを加え、ラップの落としぶたをし、3分加熱する。

③ 全体をよくかきまぜて、さらにラップし、2分加熱する。

◎ボリュームのあるものを速く

夏の暑いときなど、ボリュームのある煮ものは時間がかかってたいへんです。でも、電子レンジなら調味料と材料をきちん計りさえすれば、火も鍋も使わずにすんで、スピードアップできます。もっと活用しましょう。

●豚肉の紅茶煮

〔材　料〕

豚ももかたまり肉500g　紅茶のティーパック3コ　いちじく2コ　クレソン4本　タレ（水・みりん各大さじ3杯　だし大さじ2杯　酒・片栗粉各大さじ1杯　さとう小さじ1.5杯）

〔つくり方〕

① 深めの器に肉、ひたひたの水、ティーパックを入れ、ラップをして8分加熱する。

② 肉の上下を返し、ラップをかけてさらに7分加熱して、そのまま1分むらし、粗熱がとれたら5mm厚さに切る。

③ 平らな器にタレの材料をすべて入れてまぜ、ラップをして1分加熱して、まぜてとろみを均一にし、器に盛った肉にかける。くし形に切ったいちじくをつけ合わせ、クレソンを添える。

※しょうゆ煮の応用だが、紅茶でゆでて脂分をぬいたあっさり仕上げ。

豚肉の紅茶煮

●手羽先のピリ辛煮

手羽先は、中国で楊貴妃の好物と伝えられ、骨つきゆえに美容にいいゼラチン質に富む部位で、かじるという良さも見逃がせません。次の料理のスペアリブと並んでもっと見直したい素材です。

〔材　料〕

鶏手羽先8～10本くらい（先端の第一関節を切り落として500g）　ししとう8本　煮汁（ねぎのみじん切り大さじ1杯　おろしにんにく小さじ1杯　だし大さじ2杯　ごま油大さじ1杯　さとう小さじ2杯　豆板醤・酒各小さじ1杯　赤みそ小さじ½杯）

〔つくり方〕

① 手羽先は先端を関節のところから切り落とし、縦に半分に切る（2本の骨の間に包丁を入れる）。

② 器に①と煮汁を入れて全体をよくまぜ、ラップをして4分加熱する。

③ ②のラップをはずし上下を返し、ヘタをとったししとうを加えて、さらにラップをして2分半加熱する。ラップをはずし、全体をまぜて味をなじませる。

●スペアリブのみそ煮

〔材　料〕

スペアリブ500ｇ　たまねぎ小1コ（200ｇ）　にんじん100ｇ　煮汁（しょうがのうす切り3枚　酒大さじ3杯　みそ大さじ2杯　だし大さじ1.5杯　さとう大さじ1.5～2杯）

〔つくり方〕

① たまねぎは6等分のくし形に切る。にんじんは皮をむいて小さめの乱切りにする。

② 器に煮汁と水⅓カップ、小さめにカットしたスペアリブ、①のにんじんを入れ、ざっと全体をまぜ、ラップをして5分加熱する。

③ ②のラップをはずし、上下を入れかえてまぜ、たまねぎを加えて再びラップをかけて7～8分加熱する。ラップをはずして全体をまぜる。

●いかとにんにくの茎のさっと煮

〔材　料〕

やりいか（小さめ）5はい（するめいかなら中2はい）400ｇぐらい　にんにくの茎100ｇ（1把）　煮汁（だし大さじ1.5杯　酒・ごま油・ねぎのみじん切り各大さじ1杯　みりん小さじ2杯　さとう小さじ1杯　塩少々　粉唐辛子小さじ1杯）　たまねぎのうす切り¼コ

〔つくり方〕

① いかはワタをぬき、皮をむいて洗い、幅1㎝の輪切りにする。

② にんにくの茎は3㎝に切る。

③ 器に②を入れ、軽く霧吹きをしてラップをし、1分加熱。

④ ③に①と煮汁を加えてさっとまぜ、ラップをして3分半加熱する。ラップをはずし、全体をまぜ合わせる。

◇炒め煮

お弁当や常備菜に

材料を油で炒めてから、煮汁でこいめに煮あげる方法なので、関東だしのおおいなる出番となります。コクがでて腐敗する恐れも少ないので、お弁当や常備菜に人気のあるところ。炒り鶏、ひじき、切り干し大根など、主に野菜類のおそうざいにぴったりの味つけです。

●こんにゃくのステーキ

1枚のこんにゃくをステーキに見立てて焼きつけて、気長に煮つめて、じっくり味つけしたちょっと大胆なつくり方です。

〔材　料〕
こんにゃく2枚（1枚250g）　赤唐辛子2本　煮汁（水1カップ　だし1/4カップ　みりん大さじ2杯）　サラダ油大さじ1.5杯

〔つくり方〕
① こんにゃくは水から下ゆでしてくさみをぬき、ザルにあげて水気を切る。次に斜め格子に5㎜幅の包丁目を全体に入れ、裏側も同様にする。
② 赤唐辛子は小口切りにし、洗って種をとりのぞく。
③ フライパンに油を熱してこんにゃくを入れ、両面を色よく焼きつける。よぶんな油は捨て、熱湯を全体にたっぷりかけて油ぬきをする。
④ ③の熱湯を捨て、赤唐辛子と煮汁を入れて再び火にかける。煮立ったら落としぶたをし、弱めの中火で約20分、途中一度裏返して煮含める。
⑤ ほとんど汁気がなくなったら、ふたをとり、残りの汁気をすっかりとばしてカラリと仕上げる。
⑥ 1枚を6つか8つに切って皿に盛り、赤唐辛子の小口切りを天盛りにする。

●牛肉とごぼうの炒め煮

牛肉とごぼうはとても相性がよく、八幡巻という料理もあるくらいです。実山椒の佃煮を少し入れて味にアクセントをつけました。炊きたてのごはんや寿司飯にまぜてもたいへんおいしいものです。

〔材　料〕
牛コマ切れ肉300g　ごぼう1本（200g）　赤ピーマン小1コ　実山椒の佃煮大さじ1～2杯　煮汁（だし1/4カップ　みりん1/4カップ　水1カップ）　好みで酒・さとう各小さじ1.5杯　サラダ油大さじ2杯

〔つくり方〕
① 牛肉は食べやすい大きさに切る。
② ごぼうはたわしでこすりながら洗い、縦に数本の包丁目を入れ、鉛筆を削る要領で笹がきにする。水にさらし、2～3回水をとり替えてアク抜きをし、ザルにあげて水気を切る。ピーマンはヘタと種をとり、細切りにする。
③ 鍋にサラダ油を熱し、牛肉を入れ、ひとまぜする。肉

の色が変わったら、②のごぼうを加え、たえず箸で手早くまぜながら、油が全体にゆきわたるまで炒め合わせる。

④ 煮汁と実山椒の佃煮を加え、全体をまぜ合わせて煮立てる。

⑤ アクをのぞき、火を弱めの中火にし、アルミ箔の落としぶたをし、5～6分煮る。

⑥ ふたをとって強火にし、味をみて好みでさとうと酒を加え、汁気をとばすようにして全体をまぜ、ピーマンを加えてさっと火を通す。

●鶏手羽先とにがうりの豆豉(トウチ)煮

〔材　料〕

鶏手羽先500g　a（酒・しょうゆ各大さじ1.5杯）　にがうり中1本　しょうが1片　赤ピーマン小1コ　豆豉小さじ2杯　にんにく小1片　長ねぎ3cm　ごま油またはサラダ油大さじ3杯　煮汁（だし大さじ2杯　酒・さとう各大さじ1杯　水½カップ）

〔つくり方〕

① 手羽先は先端を切り落として縦に2つに切り、下味aをからめて10分おく。

② にがうりは種をのぞき、手羽先と同じくらいの大きさ（親指大）に切る。

③ しょうがはうす切り、赤ピーマンと豆豉は粗みじん切り、にんにく、長ねぎはみじん切りにする。

④ 鍋に油を熱し、汁気をふきとった手羽先としょうがを入れてきつね色に炒める。

⑤ 次に豆豉とにんにくを入れて炒め、よく香りをだし、にがうりを加え、色よく炒め煮汁を注ぎ、煮立ったら中火にして6～7分煮る。汁気がなくなりかけたら、ねぎと赤ピーマンを入れて、全体をざっとまぜ合わせる。

※豆豉は赤だしみそ大さじ½杯で代用してもかまわない。

●牛肉・なす・きゅうりのピリ辛炒り煮

なすときゅうりが豊富な夏場、ざっときざんで塩もみして、牛肉と手早く炒めあげる一品。食欲のないときにぴったりのスタミナ料理です。

〔材　料〕

牛コマ切れ肉150g　下味（しょうゆ・ごま油・すりごま・長ねぎのみじん切り各大さじ1杯　さとう小さじ2杯　おろしにんにく小½）　なす・きゅうり各2本　塩小さじ1.5杯　煮汁（だし大さじ1杯　酒大さじ1杯　さとう

小さじ1.5杯　水大さじ3杯）　粉唐辛子適量　炒りごま大さじ1杯　ごま油大さじ3杯

〔つくり方〕

① 牛肉は食べやすい大きさに切り、下味の材料をからめて手でよくまぜ合わせる。

② なすときゅうりは小口から3㎜厚さくらいのうす切りにし、それぞれに塩の半量ずつをふって全体にまぶし、しんなりしたらざっと洗ってきつくしぼる。

③ 中華鍋に油を熱して牛肉を炒め、色が変わったら②の野菜を加え、色があざやかになるまで炒める。

④ 煮汁と粉唐辛子を加えて、強火のまま炒りあげる。炒りごまをふってひとまぜし、火を止める。

●きざみ昆布の炒め煮

〔材　料〕

きざみ昆布（乾物）50g　鶏肉60g　にんじん30g　水2カップ（下煮用）　煮汁（だし大さじ1.5杯　みりん大さじ1杯　酒大さじ1杯　水2/3カップ）　サラダ油大さじ3杯

〔つくり方〕

① 昆布はさっと洗って砂を落とし、水に5分ほどつけて塩気をぬき、ザルにあげておく。

② 鶏肉は細かく切る。①の昆布は長さを3つくらいに切る。にんじんは4㎝長さの千切りにする。

③ 鍋に油を熱して鶏肉を炒め、色が変わったら昆布を加え、全体に油がまわるまで炒める。水2カップを加え、煮立ったら落としぶたをし、弱火にして昆布がやわらかくなるまで10～20分煮る（下煮）。

●たくあんの炒り煮

たくあんをたくさん漬けていた時代の在庫整理の知恵ともいうべき一品です。食べ忘れたたくあんの残りなどを利用しましょう。

〔材　料〕

たくあん150g　サラダ油大さじ2.5杯　麻（お）の実大さじ1杯　煮汁（だし大さじ1杯　塩少々　酒大さじ1杯　みりん小さじ1.5杯　水1/3カップ）　糸みつばの軸少々

〔つくり方〕

① たくあんは縦半分に切り、端から2～3㎜のうす切りにし、水にさらす。少し塩気が残る程度でザルにあげ、軽くしぼる。

② 鍋に油を熱し、①を炒め、油がまわったら麻の実を加

えてざっと炒める。

③ 煮汁を加え、煮立ったら中火で2～3分煮る。次に火を強め、炒りあげるようにして汁をとばし、歯ごたえが少し残るように仕上げ、2cmに切った軸みつばをまぜる。

《きんぴら三題》

きんぴらといえば、きんぴらごぼうが代表選手です。ここではごく短時間でできるバリエーションと本家をまじえた三品をご紹介します。

●きんぴらごぼう

〔材　料〕

ごぼう200g　にんじん50g　赤唐辛子小2本　サラダ油・ごま油各大さじ1杯　煮汁（水⅓カップ　だし大さじ2杯　酒大さじ1.5杯　さとう小さじ2杯）

〔つくり方〕

① ごぼうはたわしでよく洗い、長さ5～6cmになるように斜めうす切りにし、さらにそれを千切りにして、水にさらしてアク抜きする。

② にんじんも皮をむいて同じ大きさの千切りにする。

③ 赤唐辛子は種をのぞいて小口切りにする。

④ サラダ油、ごま油を熱し、①、②を入れて炒め、油がまわったら③と煮汁を加え、中火で炒りつけるようにして、汁気がなくなるまで煮る。

※ごぼうの歯ごたえを残す程度に炒り煮をする。煮ものにならないように、少なめの量からはじめるとよい。

●なすの皮のきんぴら

〔材　料〕

なすの皮約100g　サラダ油大さじ1.5杯　赤唐辛子1本　煮汁（水¼カップ～⅓カップ　だし大さじ1～1.5杯　みりん小さじ2杯）　炒りごま少々

〔つくり方〕

① なすの皮（縦にむいたもの）の長さを半分に切る。さらに縦に3つくらいに切り、長めの短冊にする。水にさらしてアク抜きし、ザルにあげて水気を切る。

② 鍋に油を熱して①を炒め、赤唐辛子をまるごとと煮汁を入れ、中火で炒りあげるようにして煮しめる。器に盛り、ごまと赤唐辛子を天盛りにする。

●白たきのきんぴら

〔材　料〕

白たき1袋（250ｇ）　サラダ油大さじ1.5杯　煮汁（水½カップ　だし大さじ1.5杯　みりん小さじ1.5杯）　一味唐辛子　浅月の小口切り少々

〔つくり方〕

① 白たきは水から下ゆでし、湯を切って適当に切る。

② 鍋にサラダ油を熱し、白たきを強火で炒め、煮汁を注いで煮立てる。

③ 落としぶたをし、弱めの中火で3～4分煮て、煮汁がなくなりかけたらふたをとり、再び強火にしてカラリと煮あげ、火を止める。一味唐辛子をふり、浅月を天盛りにする。

揚げ煮・揚げだし

煮くずれしやすい材料に

炒めるかわりに、一度油で揚げてから煮る方法です。煮くずれしやすいもの、くせのある素材に適する煮方です。煮る時間が短時間ですむし、淡白な味をこってりとした味に煮あげる場合にも便利です。

揚げだしは揚げた材料に美味だしをかけるだけ、またはだしに片栗粉でとろみをつけたりします。

太刀魚のおろし煮

〔材　料〕

太刀魚4切れ　塩少々　煮汁（水1.5カップ　だし・みりん各¼カップ　酒大さじ1杯）　大根おろし（汁を軽く切って1カップ強）　貝割れ菜少々　おろししょうが　片栗粉　揚げ油

〔つくり方〕

① 太刀魚はかたい背びれを落とす。次に火の通りをよくするためと、味をしみやすくするために、片面に浅く十文字に包丁目を入れる。

② ザルに並べて軽く塩をふり、15分ほどおく。

③ ②の水気をふき、片栗粉を均一につける。

④ 170℃の揚げ油に入れ、じっくり揚げる。

⑤ 煮汁を鍋に入れて煮立て、④を入れて2～3分煮る。

⑥ ⑤に大根おろしを入れ、煮立ったら火を止め、煮汁ごと器に盛る。貝割れ菜を3㎝に切って散らし、おろししょうがを天盛りにする。

※魚のおろし煮はさばが有名だが、かれい、かじきなど（旬のさんまも）、鮮度がよければお好みの魚で。

●半月卵のおろし煮

〔材　料〕

卵大4コ　なめこ1袋（100g）　糸みつば½束　大根おろし（汁気を軽く切って）1カップ　煮汁（太刀魚のおろし煮と同量）　サラダ油適量

〔つくり方〕

① よくならした中華鍋に油少々をなじませ、卵1コを落として目玉焼きをつくる。卵黄が半熟状になったら2つ折りにして半月形にし、裏も返して焼く。残りの3コも同様に焼く。

② なめこはさっと湯通しし、ザルにあげる。みつばは3cmに切る。

③ 鍋に煮汁を入れて煮立て、半月卵を1～2分煮る。なめこを加え、再び煮立ったら大根おろしを加え、もう一度煮立ったら火を止めてみつばを散らす。

●えびのオレンジ煮

エスカベーシュというスペインの料理を、関東だしで日本風にアレンジしました。

〔材　料〕

才巻えび8～12尾　セロリ・にんじん・たまねぎ各100g　本しめじ½パック　オレンジ½コ　煮汁（水1.5カップ　さとう・酢各大さじ2杯　だし大さじ1杯　塩小さじ⅔杯　酒小さじ2杯）　片栗粉　塩　こしょう　揚げ油

〔つくり方〕

① えびは背ワタをとり、尾を残してからをむいてさっと洗い、よく水気をふきとり、塩、こしょうを各少々にふる。

② 野菜はすべて4～5cm長さの千切りにし、しめじは石づきをとってほぐし、2つに切る。

③ オレンジは半月切りかいちょう切りにする。

④ ①のえびに片栗粉をまぶし、180℃の油でカラリと揚げる。

⑤ 鍋に煮汁を煮立てて②のすべてを入れ、さっとひと煮する。揚げたえびとオレンジを加え、再び煮立ったら火を止める。

※つくりおきができるので便利。おもてなしには冷やして、レタスを敷いて盛る。

●なすのサーモンはさみ揚げ

〔材　料〕

なす4コ　甘塩の鮭またはスモークサーモン適量
煮汁（水1カップ　みりん・だし各大さじ2.5杯　酒大さじ1杯）　浅月の小口切り　小麦粉　揚げ油

〔つくり方〕

①　なすは縦半分に切り、水にさらしてアク抜きする。
②　鮭は身のうすいものを用意し、なすの大きさに合わせて切りととのえる。
③　なすの水気をよくふき、味がしみやすいように数カ所を竹串で突く。片面に小麦粉をふって鮭をのせ、もう1枚の片面にも小麦粉をふって鮭と重ね、楊枝で4カ所止める。残り3組も同様にする。
④　170℃の揚げ油に③を入れ、油をかけながらじっくり揚げ、油を切る。
⑤　煮汁を煮立て、④を入れ、さっと煮て、つま楊枝をはずして器に盛る。汁を張って浅月の小口切りを天盛りにする。

※米なす、賀茂なすなど大きいなすを使う場合は1.5cmくらいの輪切りにし、2枚ひと組として1コのなすから2組つくるようにし、揚げる時間を少し長くする。

なすのサーモンはさみ揚げ

4 関西風濃縮だしのつくり方

♥うす味、淡い色を好むなら、このだし

さあ、今度は濃縮だしの関西版にチャレンジです。

関東のおそば屋さんのうどんは、しょうゆの色のこいうどん、つまりそばつゆをうすめた汁です。

関西にはそばつゆのように、ベースをねかせる「かえし」（この本では濃縮）などというものはありません。

それは関東はそばが中心で、汁が「つけ汁」を中心に考えられているのに対し、関西はうどんが中心で「かけ汁」（吸う汁）を基本に考えているからです。

かけ汁はとっただしにうす口しょうゆ、みりんなどの調味料を加えてつくります。だしは昆布がきいていて、かけ汁の色がうすく透明感があります。

はじめから吸う汁になっている関西だしを、関東風のときのように濃縮できないものか。そばだしが万能なら、うどんだしだって、関西風のおおかたの料理に応用可能ではないかと思い、試作に試作を重ね、かけ汁にしたときをベストとして、次のようなレシピで濃縮だしを考案してみました。

とくに関西風のうす味、うすい色の料理の仕上がりが好きな方には重宝していただけると思います。上質の昆布、かつお削りぶしを多めに、干ししいたけを乾物のまま使います。

〔材　料〕（できあがり2カップと1/4）

みりん150mℓ　酒1.5カップ　うす口しょうゆ1カップ

塩大さじ1杯　さとう大さじ2杯　昆布20g　かつお削りぶし50～60g　干ししいたけ5～6枚

〔つくり方〕

鍋に材料のすべてを入れ、削りぶしが調味料にひたるようにしてから、弱めの中火にかける。煮立ったらさらに5分煮だして火を止め、ペーパータオルをのせた万能こしでこす。材料は軽く箸でだしがらを押すくらいで、そのまま二番だし用にとり分ける。

●二番だしのとり方

〔材　料〕（できあがり2カップと3/4）

一番だしのだしがら（全量）水3カップ

〔つくり方〕

一番だしのだしがらに分量の水を加え、強火にかけ、煮立ったら弱めの中火にし、7～8分煮だし、一番だし同様にこし、今度は残りの汁をしっかりとしぼる。

※二番だしはうすめの味なので、このままでほとんどのうす味や含め煮の家庭料理に使える（128ページ以降の、「二番だしでつくる煮浸し集」参照）。

他に炊きこみごはん、おでん、雑炊などにもぜひ。

関西風濃縮だしのつくり方

①材料一覧（左上からかつおぶし，うす口しょうゆ，みりん，酒，塩，さとう，干ししいたけ，昆布）

②鍋に材料を全部入れて中火で煮る

③ペーパータオルなどでこす

④できあがり。保存は冷蔵庫で

5 関西風濃縮だしをいかしたレシピ

（注）一部関東だしのものもあります。

めんつゆ

●濃縮だしを2～3倍にうすめて

めんつゆはつくり方の作業や調味料などで多少の誤差が生じるかもしれませんが、お好みで、濃縮だしを2～3倍の範囲でうすめてお使いください。少し色がうすい、いま一つコクがという方は、左記のレシピのようにこい口しょうゆを少々プラスしましょう。

〔材　料〕（1人分）

だし大さじ1.5杯　水大さじ3～3.5杯　こい口しょうゆ小さじ1/3杯

〔つくり方〕

だしによく冷やした上質の水、しょうゆを合わせる。

※そうめんに。

●ごまダレそうめん

〔材　料〕（4人分）

そうめん（または冷や麦）4人分　牛うす切り肉（しゃぶしゃぶ用）300g　貝割れ菜1パック　セロリ1/2本　みょうが1本　にんじんまたはかぼちゃ少々　a（だし135mℓ　水225mℓ　練りごま大さじ6杯　さとう大さじ1杯）　他にお好みの薬味類（ねぎ・七味など）

〔つくり方〕

① ごまダレをつくる。aの材料をすべてミキサーに入れ、ほんの数秒まわす。

② 貝割れ菜は根を切り落とし、2つに切り氷水に放す。セロリ、にんじん、みょうがは千切りにし、氷水に放し、パリッとさせる。

③ 熱湯をわかし、牛肉を1枚ずつさっとくぐらせ、すぐ氷水にとる。

④ ②と③をザルにあげ、水気を切る。

⑤ ゆでためん、④をバランスよく器に盛り、ごまダレを各自の器に入れ、好みの薬味を添えてすすめる。

※練りごまの種類により、だし、水を加減する。関東だしでも同様においしくつくれる（「そばつゆ」の項参

照）。ミキサーがなければ、だしの半量で少しずつといてつくる。

●なすの鍋しぎとみそダレそうめん

〔材　料〕

そうめんまたは冷や麦4人分　　なす4コ　　大葉10枚　おろししょうが適量　　サラダ油適宜　　みそダレ（だし大さじ4杯　水1カップと1/4　さとう・みそ各大さじ1杯と1/3　ねりごま大さじ2杯）

〔つくり方〕

① なすは縦半分に切り、さっと水にさらす。水気を切って、皮に包丁で斜め格子に細かく切り目を入れる。大葉は千切りにして水にさらす。

② フライパンで①のなすを皮目のほうから入れて焼く。裏側もほどよく焼いて器に盛る。

③ めんつゆを合わせておく（ミキサーにかけてもよい）。

④ そうめんまたは冷や麦をゆでて盛り、③を添え、薬味のおろししょうがが、大葉、②のなすとともにいただく。

※みそはさまざまなので、辛さに応じてさとうを加減する。ねりごまを少し入れて味の奥行きをだしてみたが、お好みしだい。だしと水の比率は約4倍がめやす。

なすの鍋しぎとみそダレそうめん

●かやくそうめん

かやくとは「加薬」とも書きます。文字どおり、いろいろな具をのせたバランスのいい、美しい定番そうめんです。

〔材　料〕（4人分）

そうめん4人分　干ししいたけ4～5枚　関東だし大さじ1.5杯　みりん大さじ1杯　えび8尾　卵3コ　塩少々　みつば・大葉各適宜　青柚子　めんつゆ（だし大さじ6杯　水180～210mℓ　こいロしょうゆ大さじ1杯）

〔つくり方〕

① 干ししいたけはもどして、もどし汁と関東だし大さじ1.5杯、みりん大さじ1杯を加えて煮含め、細切りにする。卵は塩少々加えてうす焼き卵をつくり、千切りにする。えびは背ワタをとり、ゆでてからをむく。大葉は細切りにし、水にさらしてザルにあげる。みつばはゆでて3㎝に切る。

② めんつゆを合わせておく。

③ そうめんをゆでて器に等分に盛り、上に①を彩りよく盛り合わせ、すりおろした青柚子を薬味としてふる。

※薬味はこの他にねぎ、七味などお好みで。

❖うどん

◎香りを重視しただし

関西のだしは吸うだしと先に申しましたが、このだしはコクとうまみはもちろんのこと、香りを重視します。

●素うどん

うどんのかけ汁はだしを5倍ほどにうすめて、塩少々に加えて、火にかけてあつくします。

〔材　料〕

うどん4玉（ゆでたもの）　だし1カップ　水5カップ　塩適量　薬味（きざみねぎ　七味唐辛子）

〔つくり方〕

① 鍋にたっぷりの熱湯をわかし、うどん玉をほぐし入れ、煮立ったらさらに2～3分ゆでる。

② だし、水、塩を合わせて火にかけ、煮立ったら味をみて丼に4等分する。

③ ①のうどんがふっくらしたところをザルにあげて、湯を切り、②に分け入れる。薬味とともにいただく。

好みで、ごま、みつば、削りぶしをのせてもよい。

●きつねうどん

ここではお揚げの煮汁に関西だしの二番を使います。関東だしの二番でもお試しください。

〔材　料〕

うどん4玉（ゆでたもの）　だし汁1カップ　水5カップ　塩適量　みつば適宜　長ねぎの小口切り　柚子　油揚げ4枚　煮汁（関西二番だし1.5カップ　さとう大さじ1.5杯弱《またはみりん》　こい口しょうゆ小さじ1.5杯）

〔つくり方〕

① うどん玉のゆで方、かけつゆは素うどんと同じ準備をしておく。

② 油揚げは斜めに2つに切る。熱湯に入れ、再び煮立ったらザルにあげ、油ぬきする。

③ 鍋に煮汁を煮立て、②を入れて煮立ったら弱めの中火にして、落としぶたをして15分くらい煮含める。

④ みつばは3cmに切りそろえる。柚子はそぎ柚子にする。

⑤ あつ. いかけ汁を丼に張り、ゆでたてのうどんを入れ、③の汁気を軽く切ってのせ、④ものせて仕上げる。

※関東二番だしで油揚げを煮る場合。

関東二番だし1カップと1/3、水1/2カップ、さとう大さじ1.5杯強を合わせて、同様に煮含める。

●きのこうどん

きのこはビンづめを利用してもかまいませんが、関東だしまたは関東二番だしでさっと煮ます。

〔材　料〕

うどん玉・かけ汁は〝素うどん〟と同量　なめこ・えのきだけ・本しめじ各1パック　大根おろし1/2カップ　浅月の小口切り適宜　おろししょうが　きのこの煮汁（関東だし大さじ2杯　水1カップ）

〔つくり方〕

① えのきだけは根元を切り落とし、3つに切る。しめじは石づきをとり、2つに切る。

② 煮汁を煮立て、①を入れ、3～4分煮る。しばらくおいて含ませてもよい。

③ うどん玉のゆで方、かけ汁は素うどんと同じ準備をし、②をのせ、大根おろし、しょうがをさらに天盛りにし、浅月の小口切りを散らす。

●鶏肉とほうれん草のうどん

ささみのやさしい味と菊の香りを楽しむあっさりうどんです。

〔材　料〕

うどん玉・かけ汁は「素うどん」と同量　鶏ささみ小3本　ほうれん草½把　黄菊⅓パック　酢大さじ1杯　浅草のり（千切り）　薬味（長ねぎ小口切り　七味）

〔つくり方〕

① ささみは筋をとり、ひと口大のそぎ切りにする。ほうれん草はゆでて3㎝に切る。食用菊は花びらをむしって酢を入れた熱湯でゆで、流水にさらして水気をしぼる。

② かけ汁を煮立て、ささみを入れて1～2分煮る。

③ ゆでたうどんを丼に等分に入れ、①を分けて入れ汁を張る。上にほうれん草、黄菊をまぜ合わせてのせ、浅草のりを細切りにしてのせ、薬味を添える。

◈雑　炊

ごはんをサラリと仕上げる

家庭での軽食、夜食に人気の雑炊はだしがきいていて、ごはんがサラリと仕上がっているのが極上です。

だしと水の割合はかけうどんより少しこいめの配合にして、塩を入れない方法だと、4.5倍くらいの割合になります。素材により塩を入れて色をうすく、または酒を入れる、こい口しょうゆを補うなど自由自在です。

●もずく雑炊

あっさりとしていてアカ抜けた仕立ては酒のあとの腹ごしらえ向きです。

〔材　料〕

もずく50g　ごはん（茶碗2杯半～3杯）　a（だし150㎖　水750㎖　塩少々　酒小さじ2杯）　イクラ50g　芽ねぎ・おろしわさび各適量

〔つくり方〕

① もずくはザルに入れて、ざっと洗う。まな板に広げて食べやすいように3～4つに切る。

② ごはんはザルに入れて洗い、水気を切る。

③ 鍋にaを入れて煮立て、②を入れて再び煮立たせ、①

を入れる。ひと煮立ちしたら火を止め、器に盛り、イクラをのせ、芽ねぎ・おろしわさびを適量天盛りにする。

※汁が煮つまらないよう火加減に気をつけ、ノロノロやらずにさっと仕上げるのが雑炊のコツ。

●かき雑炊

海のミルクといわれる消化のいいかきをたっぷり入れます。体があたたまる、寒い季節ならではのあったかごちそう。かきを大根おろしで洗うのがコツです。

〔材　料〕

ごはん（茶碗2.5〜3杯）　かき（小粒）300g　粗い大根おろし（皮つき）½カップくらい　a（もずく雑炊と同じ）卵2コ　みつば・さらしねぎ各適量

〔つくり方〕

① かきは目の粗いザルに入れ、大根おろしを加えて手でざっとまぜ、大根おろしにかきの汚れを移す。水洗いして熱湯でさっとゆでる。

② ごはんは洗ってザルにあげる。

③ aを煮立て②を入れ、煮立ちかけたらかきを入れ、ふきあがったらとき卵をまわし入れてふたをし、再び煮立ったら火を止める。器に盛り、3cmに切ったみつばとわさび

かき雑炊

をのせる。

●刺し身雑炊

お刺し身が残ったら新しいうちならこうして使いきります。材料の下準備がないのでお手軽です。

〔材料〕

ごはん（茶碗2杯半）　a（もずく雑炊と同じ）　お刺し身（鯛の刺し身　小柱）適量　わさび・みつば・きざみのり各少々

〔つくり方〕

① ごはんは洗ってザルにあげる。

② aを煮立て①を入れ、再び煮立ったら鯛のお刺し身を1枚ずつ入れてすぐ火を止める。

③ 器に入れ、小柱をのせ、汁を上からかけ、3cmに切ったみつばとわさび、きざみのりを天盛りにする。

※小柱は煮汁に入れてさっと煮てもよいが、いずれも火を通しすぎないこと。

《簡単雑炊三種》

煮汁はもずく雑炊を基本として好きな味加減に調節してください。

●きのこ雑炊

煮汁にきのこ（えのき・なめこ・生しいたけ）を適当に切って加え、煮立ったら、ほうれん草の茎を3cmに切って加えて火を止める。あれば、花穂など天盛りに。

●チャイニーズ雑炊

煮汁にちりめんじゃこ、ザー菜を入れて、煮立ったら火を止め、ごま油少々で香りをつける。器に盛って、さらしねぎ（青い部分も使う）と針しょうがをのせる。

●梅干しと青菜の雑炊

かぶの葉のやわらかい部分を色よくゆで、こまかく切る。煮汁にこの葉を入れて、ひと煮立ちしたら火を止め、器に盛って梅干しととろろ昆布をのせて仕上げる。

おでん

◎透明感のあるうす味仕立て

寒くなってくるとふうふういって食べるボリュームたっ

ぷりのおでんは圧巻です。盛大につくって何日もかけて食べるところが、フランスのポトフと比べられるゆえんと思います。関東炊きのこい色もファンは多いのですが、関西風はやはり吸う汁にふさわしく、透明感のあるうす味仕立てにします。

だしは7～8倍にうすめてつくります。

〔材　料〕

大根½本　米のとぎ汁　ねり製品（ちくわ、はんぺん、ごぼう巻、鶏団子、つみれなど）　こんにゃく½枚　袋（もち小4切れ　かんぴょう適宜　油揚げ2枚）　結び昆布6本　煮汁（だし1カップ　水8カップ　酒大さじ3杯　塩少々　みりん大さじ1杯）　ねり辛子

〔つくり方〕

① 大根は2㎝の輪切りにし、皮を厚くむいて米のとぎ汁でかために下ゆでする。

② ねり製品は食べよい大きさに切り、ザルにのせて熱湯をかけて油ぬきする。

③ こんにゃくは厚みを半分に切り、さらに三角形に切り、下ゆでする。

④ 昆布は基本のだしをとったあとのものがあればそれを使い、ひと結びしておく（なければ、ぬれぶきんに包んでしめらせてから、10㎝長さ、幅1.5㎝くらいに切ってひと結びする（早煮昆布でよい）。

⑤ 袋の油揚げは熱湯をかけて油ぬきしてから長さを2つに切り、中を袋状にあける。かんぴょうはひと結びできる長さに切り、さっと水洗いしてから塩もみをし、塩を洗い流す。油揚げの中にもちを入れ、口をかんぴょうで結び、きんちゃくをつくる。

⑥ 鍋に煮汁、大根、こんにゃくを入れて火にかける。煮立ったらアクをすくい、中火にして20分くらい煮る（ふたをする）。

⑦ ⑥に袋、昆布を入れて、7～8分ふたをしないで煮る。

⑧ はんぺんをのぞいたねり製品を入れて、煮立ったら弱めの中火にし、ふたをしないでさらに10分くらい煮こむ。はんぺんを入れ、再び煮立ったら火を止める。ねり辛子を添える。

時間があればそのまま味を含ませて、小1時間ほどおいて、食べるときにさっとひと煮するとベストです。ねり製品を入れてから沸騰を強めてふたをしてしまうと、汁がにごります。食べはじめの1日めは澄んだ汁を吸いたい場合のアドバイスです。

市販のおでん種はこの節とくに多種をきわめております

が、あきてしまいます。気どらないじゃがいも、ふき、姫たけのこ、ゆでだこの足、里いも、ブロッコリーなど生(き)なりの素材をもっと入れてみましょう。

●焼き大根と鶏肉のおでん風

〔材料〕
大根½本　米のとぎ汁　ごぼう（細）1本　鶏の骨つきぶつ切り400～500g　結び昆布8本（「おでん」参照）　万能ねぎ（小口切り）適量　しょうが汁　煮汁（おでんと同じもの同量）　こいロしょうゆ大さじ1杯　塩少々

〔つくり方〕
①　大根は、「おでん」と同様の下処理をし、米のとぎ汁でかためにゆでる。焼あみにのせて両面こんがりと焼く（もちを焼く要領）。
②　ごぼうはたわしでこすり洗いをし、7㎝長さに切り、縦半分に切り（細ければそのまま）水にさらしてからさっとゆでておく。
③　鶏肉はザルに並べ、熱湯をまわしかける。
④　鍋に煮汁、③を入れて火にかけ、煮立ったらアクをすくい、10分くらい煮こむ。

焼き大根と鶏肉のおでん風

⑤　④に①と②、昆布を入れ、さらに15分ほど煮て、味をみて香りづけにしょうゆを加え、ひと煮立ちしたら、しょうが汁を落として火を止める。万能ねぎをふってすすめる。

❖酢のもの・あえもの・浸しもの

◎食卓を彩る小鉢

近頃の食卓は、メインディッシュが華やかなわりに副菜がいま一つ精彩に欠けるように思います。酢のもの、あえもの、浸しものは今、サラダにその座をうばわれているのです。

でも、主菜が今ほど豊富でなかった頃、世のお母さんたちはなんとかこの小鉢ものに当たる副菜に工夫をこらしたものでした。

●ほうれん草のお浸し

青菜は他に春菊、小松菜、みつば、かぶの葉、水菜、壬生菜（みぶな）、加えてこの頃では青梗菜、クレソン、貝割れ菜まで入れてよいかと思います。まず、畑でできていたと同じようにパリッとさせます。ボールにたっぷりの水を張って入れておくと葉もしゃっきりしてよみがえります。大株は根元に十文字に切りこみを入れます。たっぷりのお湯と強火（火力が強いのがよい）でが鉄則です。

〔材　料〕
ほうれん草1把（300gぐらい）　浸し地a（だし50mℓ　水150mℓ）　炒りごま

〔つくり方〕
①　たっぷりの湯をわかし、ほうれん草の根元のほうから入れ、ひと呼吸おいて葉先も沈め、再び煮立ったら裏返し、また煮立ったら茎の根元のほうをつまんでやわらかさをみる。
②　手早く冷水にとり、水をとり替えて根元をそろえてしぼる。
③　バットなどにaを入れ、②の上からかけ、15分くらいひたして器に合わせて3cmくらいに切る。炒りごまを手でさっとつぶしながら、上にふる。
※他にもみのり、削りがつおなどをお好みで。

●水菜・焼きしいたけ・菊のお浸し・柚子釜盛り

彩りの美しいおシャレなお浸しです。このように小さくつくると先付、前菜などに向くので、食欲をそそる役割を果たします。また、濃厚な味の料理のあとにおだしすると口清めの役割にもなります。

〔材　料〕

若水菜1把　生しいたけ4枚　食用黄菊⅓パック
酢　浸し地（だし大さじ2杯と⅓　水½カップ　柚子
（またはすだちなど）　炒りごま少々

〔つくり方〕

① 若水菜はほうれん草と同じ方法でゆで、水に30分さらし、2cmに切る。
② 菊は花びらをむしって酢を入れた熱湯でゆで、水にさらしてしぼる。
③ 生しいたけは焼あみで両面焼いて細切りにする。
④ 柚子は洗って、上部⅓くらいのところで輪切りにし、残りの部分をくりぬいて器をつくる。
⑤ ①〜③を浸し地に10分つけこみ、全体をあえて④に盛り、ごまをふる。

※他に壬生菜やほうれん草でもよい。もっとリッチにというときは、この地に削りがつお5gを加えてひと煮立ちさせ、こしてさまして使う。

●わかめ・きゅうり・しらす干しの酢のもの

酢のものは関西だしに同割の酢を入れればよいので、覚えてしまいましょう。この味から、だしでのばしたり、好きな調味料、オイル類を入れて、サラダにまで展開できます。

うどを白いままいかすときや、美しい色のかにや貝類などの酢のものはこれで決まりです。

酢のもののお手本はここからはじまります。

〔材　料〕

きゅうり2コ　塩蔵わかめ25g　しらす干し30g
みょうが小2本　塩　炒りごま　合わせ酢（だし50mℓ　酢50mℓ）

〔つくり方〕

① きゅうりは端からうすく小口切りにし、塩少々を全体にまぶし、15分ほどおいて、しんなりしたらざっと洗ってしぼる。

② わかめはもどしてひと口大に切り、熱湯をかける。

③ みょうがは小口切りにし、水にさらす。しらす干しはざっと熱湯をかける。

④ ①～③をボールへ入れて合わせ、合わせ酢の1/5量くらいを全体にかけてざっとまぜ、この汁を捨てる。

⑤ 新たに残りの合わせ酢を加えてあえ、器に盛ってごまをふる。

※合わせ酢の一部で材料を下あえしたのは、材料から水がでて水っぽい仕上がりになるのを防ぐというていねいな方法。省いてもかまわない。合わせ酢でなく、酢だけでもよい。

●キウイとみょうがのおろしあえ

今度はこの合わせ酢にさとうを加え、甘酢にチャレンジです。他に焼いたささみをほぐしたり、かまぼこの細切りなどもよく合います。

〔材　料〕

小さいみょうが3コ　大根おろし1カップ　a（さとう大さじ1.5杯　酢大さじ3杯　だし大さじ2.5杯）　キウイ1コ　もみのり少々　食用菊少々（ゆでたもの）

〔つくり方〕

① みょうがはさっとゆでて1枚ずつはずして、aの合わせ酢の中につける。

② キウイは皮をむいて種をのぞき、1cm角のあられ切りにする。

③ 水気をざっと切った大根おろしとゆでた黄菊、①、②をまぜ合わせて器に盛り、のりをあぶってもんだものをかける。

●油揚げときゅうり・しいたけのごま酢あえ

〔材　料〕

きゅうり2本　塩　油揚げ1枚　a（だし大さじ1杯　水1/3カップ）　干ししいたけ小3枚　ごま酢（炒りごま大さじ3杯　さとう大さじ1.5杯　だし大さじ1.5杯　酢大さじ1.5杯）

〔つくり方〕

① きゅうりはうすい小口切りにし、塩を全体に少々ふって15分ほどおき、しんなりしたらざっと洗ってしぼる。

② 油揚げは熱湯で油ぬきをし、縦半分に切り、さらに端から細く切り、aでひと煮してさまして水気を切る。しいたけはもどして細切りにして、もどし汁とだし少々入れて

煮含めてさまし、汁気を切っておく。

③　ごま酢をつくる。すり鉢に炒りごまを入れ、少し粒が残るくらいにすり、さとうを加えてすりまぜ、残りのだし、酢でのばしていく。好みの味にととのえたら、①と②の材料をあえる。

●グリーンアスパラガスの白酢あえ

お豆腐の白あえはおなじみの精進料理ですが、夏場はいたみやすいので、酢を入れて白酢にします。

〔材　料〕

グリーンアスパラガス1束　れんこん小1節　あえ衣（豆腐¼丁　炒りごま大さじ2杯　さとう大さじ1.5杯　酢大さじ1.5杯　だし大さじ1.5杯）　れんこんの甘酢（酢¼カップ　さとう大さじ1杯　塩小さじ⅓杯）　紅たで少々

〔つくり方〕

①　れんこんは皮をむき、半分から4つ割りにし、うす切りにしてさっとゆで、甘酢につけておく。

②　グリーンアスパラガスは根元を切り、熱湯で色よくゆで、3㎝長さに切る。

③　豆腐は熱湯にくぐらせ、さます。

④　すり鉢でごまをよくすり、豆腐を加えてさらになめらかになるまですり（好みで少しくらい粗くてもよい）、あえ衣の残りの調味料を加え、①と②をあえる。あれば、紅たでを天盛りにする。

●ツナとキャベツの辛子あえ

だしに、おろしたまねぎやねり辛子、サラダ油などをまぜて、ちょっと洋風の趣にしたあえものです。

〔材　料〕

ツナ缶小1缶　新キャベツ400g　塩適宜　大葉10枚　あえ衣（ドレッシング＝酢大さじ2杯　だし大さじ1.5杯　おろしたまねぎ大さじ2杯　ねり辛子大さじ1杯　サラダ油大さじ3.5杯）

〔つくり方〕

①　ツナ缶はざっとほぐす。キャベツはざく切りにし、塩をふり、20分くらいおいて、しんなりしたらさっと洗って塩を流し、きつめにしぼる。大葉は千切りにし、水にさらす。

②　あえ衣の材料を順に合わせて、①をあえる。

むしもの

常備だしでもっと気軽に

電子レンジやジャーの普及でごはんをふかし直す（むす）必要がなくなってから、家庭料理のなかから、むすという調理法が激減したようです。それでもまだ人気の中心は茶碗むし。

ここでは定番茶碗むしと、むしあげてからあんで味を補う代表的なものとして、かぶらむしの2点をご紹介いたします。

前者は冷たくして夏に供することもできますし、後者は寒い季節にふさわしいあたたかい一品です。

茶碗むし

後述の「卵焼き」の項でもお話ししますが、このだしは色もうすいところから、卵との相性がとてもよいのです。卵に対する水分の割合を正確に計り、むしあがるまでの加熱時間を間違えないようにしましょう。

卵1コ（50～60mℓ）に水分（だし＋水）が200mℓ。卵を4倍の水分でうすめると覚えましょう。これで具を入れると、2人前ができます。

茶碗むしに濃縮だしを活用するメリットは、だしをわざわざ引いてさますという、あの手間が省けるだけでなく、味つけにも悩まなくてすむことです。

中身は水気を切った豆腐や、さっとゆでた白身魚やかきなど、お好みのものを入れましょう。中身の具がなにもないのも、小さくつくるとおシャレです。

酒盗をちょっぴりしのばせるのも、粋なものです。

〔材　料〕（6コ分）

卵3コ　a（だし135mℓ　水465mℓ　塩少々）　干ししいたけ3枚（関東だし少々）　鶏もも肉80g　しょうゆ小さじ2杯　ぎんなん8粒　かまぼこ4切れ　えび（塩・酒少々）4尾　ゆり根適宜　みつば・柚子適量

〔つくり方〕

① 卵をときほぐし、aを加えてまぜ合わせ、万能こしでこす。

② 干ししいたけはもどして、もどし汁に関東だしを少々加えて下煮をし、ひと口大のそぎ切りにする。鶏肉はひと口大に切り、しょうゆをまぶす。ぎんなんは鬼皮をむき、

ゆでて渋皮もむく。えびはからをむいて背ワタをとり、洗って、塩、酒少々で下味をつける。みつばは3㎝に切る。ゆり根はばらしてそうじをし、さっとゆでる。
③ むし茶碗に鶏肉、しいたけ、えび、かまぼこ、ゆり根、ぎんなんを入れる。
④ ③に①を等分に注ぎ入れ、蒸気のあがったむし器に入れてむす。はじめの2～3分は強火にし、次に弱めの中火にして8～10分むす。中心部に竹串をさしてみて、にごった卵汁がでてこなければ、できあがり。みつばと柚子の吸い口をのせてすすめる。

●かぶらむし

白身魚の上にかぶらをすりおろしたものをたっぷりのせ、むしたもの。関西だしでうすくずあんをつくって、わさびやしょうがをおろして添えます。
京都の聖護院のかぶらでなくても、普通のかぶで十分おいしくできます。

〔材　料〕
かぶ4～5コ（約1束）　白身魚1切れ（塩、酒少々）
うなぎのかば焼き（または焼あなご）1串分　ぎんなん6粒　ゆり根適宜　きくらげ3～4枚（乾）　京にんじん少々　みつば適宜　卵白1コ分　塩少々
うすくずあん　a（だし50㎖　水150㎖）　おろしわさび　片栗粉大さじ1.5杯　水大さじ2杯

〔つくり方〕
① ぎんなん、ゆり根は茶碗むし同様の下ごしらえをする。ぎんなんはさらにうす切りにする。
② かぶは皮をむいてすりおろし、ザルにのせて軽く水気をしぼる。
③ きくらげはもどして石づきをとり、細切りにし、少量のにんじんも皮をむき、2㎝の細切りにし、さっとゆでる。うなぎはひと口大に切る。
④ 白身魚はさらに小さく4切れに切り、塩、酒少々で下味をつける。
⑤ むし茶碗に④を入れ、ゆり根、うなぎをのせる。
⑥ 卵白に軽く塩を加え、ざっとまぜ、かぶ、きくらげ、にんじんを加えてまぜ、⑤にかぶせて、ぎんなんを散らして蒸気のあがったむし器に入れ、弱めの強火で10～13分むす。
⑦ 小鍋にくずあんのaを入れ、煮立ったら、水どき片栗粉を加えて、とろみをつける。
⑧ ⑥のかぶらむしに2㎝に切ったみつばをのせ、⑦のあ

んをかけ、天盛りにわさびをのせる。

ごはんもの

だしをマスターするのがコツ

ごはんものといえば代表は炊きこみごはん。色ごはんともいい、白飯のまぶしさに対抗するかのように、具を入れてつくるごはんものです。

材料によって煮あがる時間が変わるため、材料の下煮や炊飯中の操作が必要なこともあります。でも、今は材料全部と調味料をはじめから炊飯器に入れて、スイッチオンのスタイルが多くなりましたので、だしの分量をマスターすれば、あとはお好みの具を楽しんでいただけます。

一般に澱粉の多い具を使う場合や、材料の色を見せたい場合は塩味に、魚や肉を加える場合はしょうゆにします。もちろんお好みですから慣れ親しんだ味つけでかまいません。

●五目飯

かやく（加薬）飯ともいいます。香りのごぼう、色のにんじん、味のしいたけ、油揚げ、鶏肉などを入れた、バランスのよいごはんは、万人向きの味といえるでしょう。

〔材　料〕

米2カップ　油揚げ1枚　鶏もも肉50g　にんじん3cm　ごぼう小⅓本　干ししいたけ2枚　a（だし70㎖　水350㎖　塩少々）　みつば適宜

〔つくり方〕

① 米は洗ってザルにあげ、40分おく。
② 鶏肉はひと口大に切り、分量外のしょうゆ小さじ2杯をまぶす。
③ 干ししいたけはもどして千切り。にんじんは皮をむいて3cmの千切り。ごぼうはたわしでこすり洗いし、笹がきにし、水にさらしてザルにあげる。油揚げは熱湯をかけて油ぬきし、長さを半分に切り、端から細切りにする。
④ 炊飯器にaを合わせ、①〜③を入れ、ふたをしてスイッチオン。
⑤ 炊きあがったら5〜10分むらして、3cmに切った糸みつばの軸のみを加えて、まぜ合わせる。

※みつばの葉は吸いものなどに使う。元気のいい軸のみを使うと、さめても彩りを失わない。

● 栗ごはん

色のつかない塩味のごはんをだしで炊きます。塩、酒のみで炊くごはんよりもコクのあるできばえです。だしの量を減らして色をグーンとおさえました。

さつまいも、ぎんなん、ゆり根、グリーンピース、そら豆などに応用してみてください。

〔材　料〕

米2カップ　栗8コ　a（だし大さじ2杯　水2カップと1/5　塩小さじ1/3　酒大さじ1杯）　好みで、みりん大さじ1杯　黒炒りごま少々

〔つくり方〕

① 米は洗ってザルにあげ、40分おく。
② 栗は、鬼皮、渋皮をむいて2〜4つに切り、水でゆすぎ、20分くらい水につけておく。
③ 炊飯器にa、①、②を入れ、スイッチオン。炊きあがったら10分むらして、器に盛り、ごまをふる。

● 小柱ごはん

魚介類を楽しむごはんも人気があります。かに、えび、鮎（あゆ）、たこ、かきなど、この方法でつくることができます。釜めし屋さんも顔負けの味に迫ってみましょう。

魚介類にはしょうがの千切りを入れます。とくに新しょうがの季節、しょうがの細切りだけを入れてうすいだしの味で炊いたしょうが飯は、私の得意のごはんものです。みょうがもいいものです。お酒のあとに少量おだしします。

〔材　料〕

米2カップ　小柱100gくらい　京にんじん少々　しょうが小1片分　a（だし70mℓ　水340mℓ　酒大さじ1杯）　みつばの軸少々

〔つくり方〕

① 米は洗ってザルにあげ、40分おく。
② 小柱は塩水でざっと洗う。京にんじんは2cmの細切りにする。
③ しょうがは皮をむいて3cmの千切りにし、水でざっと洗い、ザルにあげる。
④ 炊飯器にaを入れ、①と③を入れ、スイッチオン。スイッチが切れたら②を入れ、10分むらしてまぜ、器に盛り、みつばの軸を1cmくらいに切ってのせる。

❖卵焼き

◎関西風はだしが決め手

卵焼き、卵巻き焼きなどといいます。甘めに調味して、焼き色の香りも味のうちとして賞味する関東風。さとうを使わないで、だし汁を多く用いる関西風。

魚のすり身を加えて厚く焼いたものが厚焼き卵で、お正月の伊達巻きとして、おなじみのものです。うすく焼けばうす焼き卵となり、それを細く切ったものを錦糸卵といいます。ここではまず、関西風だし巻きをつくります。

●だし巻き卵

〔材　料〕

卵3コ　a（だし大さじ1杯　水大さじ4～5杯）

サラダ油少々　大根おろし　しょうゆ

〔つくり方〕

① 卵をといて、aをまぜ合わせる。

② よくならした卵焼き鍋に油をひき、卵汁の1/3ほどを入れて焼く。全体に焼けたら、箸で鍋の周囲から卵をはがし、手前に巻き返す。

③ 油をひいて前方に押しやり、あいた部分に油をひいて、残りの卵汁の半分を入れる。前方の卵の下に箸を入れ、手前の卵を流しこみ、ふくらんだ部分は箸でさして空気をぬきながら焼く。残りも同じ要領で焼く。強めの火でいきおいをつけて焼かないと、ボロボロになり、扱いにくい。

④ あついうちに巻すに巻いて形をととのえ、たっぷりの大根おろしにしょうゆをかけて添える。

●う巻き卵

だし巻きよりだしを少なめにして、中心にうなぎのかば焼きを入れた、高級感のある卵焼きです。

〔材　料〕

卵3コ　うなぎのかば焼き1串（40g）　a（だし小さじ2.5杯　水大さじ3杯）　筆しょうがの甘酢漬け

〔つくり方〕

① 卵をといて、aとまぜ合わせる。

② うなぎは縦に、細めに切っておく。

③ よくならした卵焼き鍋を熱し、うすく油をひき、弱めの中火にして①の卵の1/3を流し入れ、七～八分どおりの火が通ったら、②のうなぎを手前1/4ぐらいのところに横に並べて、手前から向こうへひと巻きする。あとはだし巻き卵と同様の要領で、残りの卵汁を2～3回に分けて流し、焼

きあげる。巻すであついうちに巻いてさまし、厚みをもたせて切り、筆しょうがを添える。

※うなぎはさっとあたためると串が抜きやすく、卵と同じやわらかさになるので、巻くときに割れない。

●しらす干しとパセリ入り卵焼き

〔材料〕

卵3コ　a（だし大さじ1杯弱　水大さじ3.5杯）
パセリ大さじ山1杯　しらす干し大さじ2杯　サラダ油　甘酢しょうが少々

〔つくり方〕

① 卵をときほぐし、aとしらす干し、パセリをまぜ合わせる。

② 卵焼き鍋でだし巻き卵同様に焼きあげる。巻すで巻いてさまし、8等分に切り、甘酢しょうがの千切りを添える。

❖鍋もの

◎あつさりと上品な鍋汁で

鍋料理は、家庭の台所で煮炊きする目的でつくられた鍋を座敷にもちだしたもので、郷土料理的な色彩が強いジャンルです。

ここでは関西だしを使って、はじめから味のついたたっぷりの鍋汁で、素材を煮汁とともに食べる寄せ鍋系を2つご紹介します。一つの鍋の中にいろいろな材料を加えて煮ていくために、味がしだいに濃くなることを頭に入れてスタートします。

●寄せ鍋

〔材料〕

鶏もも肉小1枚分（酒大さじ1杯）　はまぐり4コ　才巻えび4尾　小柱100g　生ゆば適宜　白菜4枚　ほうれん草½把　京がんも4コ　白身魚2切れ（酒大さじ1杯）　えのきだけ1袋　せりまたはみつば1把　生麩（あわ麩など）½本　もみじ麩（生）⅓本　長ねぎ1本　ぎんなん12粒　生しいたけ4枚　ゆでたけのこ½コ　豆腐½丁　鍋汁（だし150mℓ　水5カップと¼　酒大さじ2杯）　薬味（もみじおろし　浅月の小口切り　ポン酢　七味　おろししょうがなど）

〔つくり方〕

① 鶏もも肉はひと口大に切り、酒をふりかける。はまぐ

りはうすい塩水につけ、砂を吐かせ洗っておく。たけのこはうす切り。

② えびは頭と一緒に背ワタをとり、ざっと洗う。小柱も塩水で洗っておく。ゆばはひと口大に切る（干しゆばなら水でもどす）。

② 白菜はさっとゆで、そのあとの湯でほうれん草もゆでて水にとる。白菜を2枚ひと組にして巻すにひろげ、ほうれん草の半量を芯にして巻き、1本を6つに切る。京がんもは熱湯をかけ、油ぬきする。

④ 白身魚は1切れを2～3つに切り、酒をふっておく。豆腐は奴に切る。ねぎは斜め切りにする。

⑤ えのきだけ、しいたけは根元を切る。せりまたはみつばは4cmに切る。生麩は1cm厚みに切る。もみじ麩も1cmに切る。ねぎは斜めうす切りにする。ぎんなんはからをむき、さっとゆでてうす皮をむき、つま楊枝に3つずつ刺す。

⑥ 鍋に鍋汁を合わせてはまぐりを入れて煮立て、弱めの中火に火を保ちながら、だしのでるもの、味がつきにくいものから入れていく（まず、鶏肉、京がんも、白身魚、たけのこなどから）。

●かに鍋

近頃は冷凍のからつきのかにが缶詰に比べると安く、わりあいおいしいので、鍋にしたくなります。さいわい、生食用で食べよくカットしてある、たらばがにやずわいがにがありますので、そのまま使います。すでに火が通っている素材ですから、副材料もさっと煮えて味がつくような工夫をしました。味も寄せ鍋よりうすくし、みりんを入れて甘めにします。

〔材　料〕

かに（たらば、ずわい）適宜　大根5cm　白菜5枚　春菊½把　えのきだけ1袋　本しめじ1パック　豆腐1丁　長ねぎ2本　貝割れ菜2パック　にんじん4cm　白たき小1把　鍋汁（だし150mℓ　酒大さじ2杯　みりん大さじ1杯　水6カップ）　薬味（おろししょうが　柚子）

〔つくり方〕

① かには大きければ食べよくカットし、裏側のやわらかいからに縦に包丁目を入れ、食べやすくしておく。

② 白菜は横に5cm長さに切り、白いところは繊維に沿って細切りにする。やわらかい葉の部分はひと口大に手でち

ぎる。

③ 春菊は4～5㎝に切る。本しめじ、えのきだけは石づきを切り落とす。豆腐は奴に切る。ねぎは斜めうす切りにする。貝割れ菜は根元を切り落とす。にんじん、大根は皮をむいて長さのまま千切りにし、別々にさっと下ゆでする。白たきはさっとゆで2つに切る。

④ 鍋に合わせた鍋汁を入れて火にかけ、煮立ったらかにを入れ、ひと煮して他の材料もバランスよく入れていく。もう一度煮立ったら、どの材料もすぐいただける。薬味は寄せ鍋と同じでもかまわないが、柚子、おろししょうがが合います。

❖煮もの

◎味つけの勘どころはだしにおまかせ

煮ものは種類も多く、おふくろの味とかおばあちゃんの味という冠（かんむり）がついているのは、長年の経験や勘を要することで、技術的にもむずかしい面があるためです。

でも、味つけの勘どころはだしにおまかせ、あとはゆったりとした気持ちで取り組んでいただきましょう。

ここではうす味で仕上げ、煮汁の多い煮ものの主なものをご紹介します。煮汁はだしの3～4倍にうすめると、おおかたのうす味煮に使うことができます。

●青梗菜と鶏肉の吉野煮

〔材　料〕

鶏の胸肉1枚　塩・酒各少々　片栗粉適量　煮汁（だし½カップ　酒大さじ1杯　水350㎖）　青梗菜3株　わさび

〔つくり方〕

① 胸肉はひと口大ぐらいのそぎ切りにし、塩、酒少々を全体にふりかけ、10分ほどおいて片栗粉をまぶす。

② 青梗菜は縦4つに切り、根元をよく洗い、葉先を少し切り葉としさっとゆでる。

③ 煮汁を煮立て、①を1枚ずつ入れて静かに3～4分煮て、②を入れてさらに2～3分煮る。

④ 器に盛り、煮汁をかけ、わさびを天盛りにする。

●かぶと鶏団子の煮もの

寒さとともにおいしくなるかぶと、安い鶏ひき肉の団子を組み合わせた親しみやすい煮ものです。

〔材　料〕
鶏ひき肉400g　a（卵½コ　水・酒各大さじ1杯　しょうが汁小さじ1杯　塩小さじ⅓杯）　かぶ1把　煮汁（だし150mℓ　水2カップと¾）　柚子の皮
〔つくり方〕
① 鶏ひき肉にaを加え、よくねりまぜる。
② かぶは茎を2cmほど残して、縦半分か4つ切りにし、皮をむく。茎の中の泥などを竹串でていねいに流水のもとで洗い、かために下ゆでしてザルにあげる。
③ 煮汁を煮立て、①の鶏団子をスプーンでつみれのように落とし入れ、煮立ったらアクをていねいにすくい、火を弱めの中火にし、3〜4分煮る。
④ ②を入れてさらに落としぶたをして4〜5分煮る。器に盛り、柚子の皮の千切りを天盛りにする。
※①の団子は、ねってみてやわらかすぎたら生パン粉をそのまま、小さじ2杯ほど加える。

●里いものえびあんかけ

京料理でえびいもを使うところを、どこでも手に入る里いもでつくります。
ふっくらと白く炊きあげた里いもの白と、才巻えびの紅の対比があざやかな一品です。
〔材　料〕
里いも8〜10コ　酢大さじ1　米大さじ2　煮汁a（だし40mℓ　水2カップ　みりん小さじ2杯）　追いがつお15g　ガーゼまたはさらしの袋1枚　調味料（さとう大さじ4杯　塩小さじ⅓杯　うす口しょうゆ小さじ½杯）　軸みつば少々　才巻えび6尾　煮汁b（だし大さじ1杯　水½カップ　酒大さじ2杯　さとう・うす口しょうゆ・みりん各大さじ1杯）　片栗粉少々
〔つくり方〕
① 里いもは洗って天地をとり、六方にむき鍋に入れ、かぶるくらいの水を注ぎ、酢、米を入れて火にかける。煮立って3〜4分したらザルにあげ、よく洗う。次に酢の味をぬくために、もう一度水から、さっとゆでて洗っておく。
② 鍋に①を入れ、aの煮汁を入れて、ガーゼの袋に包んだ追いがつおを落としぶたのようにしてのせ、さらに10分くらい煮る。調味料を加え、さらに7〜8分煮て火を止め、含ませる。
③ 才巻えびは頭と一緒に背ワタをとり色よくゆで、からをむいて粗く切る。煮汁bを煮立て、このえびを入れ、片栗粉の水どき少々でとろみをつける。

④ ②を器に盛り、③をかけ、さっとゆでたみつばの軸を上にのせる。

※応用として大根のかにあんかけも同じような方法、味つけでチャレンジしてみよう。大根のゆで方も、輪切りにして（「おでん」参照）米ぬかでゆで、里いものようにうす味で煮含めてから、えびあんと同じ味つけの煮汁に、かにをほぐして入れて、とろみをつけたあんをかける。

●黄身煮

卵黄の衣を着た素材の黄色があざやかなところから、黄金煮ともいいます。吉野煮の衣がくずなら、こちらは卵黄をまぶすと覚えましょう。

えび、鶏のささ身、ほたての貝柱などに向きます。うどの白煮（はくに）（「電子レンジの煮もの」参照）や生の桜麩、菜の花などと炊き合わせ仕立てにすると盛り映えがします。

〔材料〕

鶏のささみ200g　卵黄3～4コ　片栗粉適宜　煮汁（だし70mℓ　水300mℓ）　菜の花½把　木の芽少々

〔つくり方〕

① ささみは筋をとり、ひと口大よりも大きめのそぎ切りにし、片栗粉を全体にていねいにまぶし、よぶんな粉をはらう。

② 煮汁を合わせて煮立て、といた卵の黄身に①を入れて、ていねいに両面にまぶしたものを1枚ずつ入れて、静かに煮ていく。

③ ②を2～3分煮たら器に盛り、そうじをしてさっとゆでた菜の花を、残りの煮汁であたためて添える。木の芽を天盛りに、煮汁も張ってすすめる。

❖関西二番だしでつくる煮浸し集

◎汁もおいしくいただく煮もの

関西風だしでとった二番だしは日もちがしませんので、すぐに使いきります。

一般に煮浸しは煮あがりの味がうすい、汁を吸うタイプの煮ものに分類されます。

ここではそのタイプの料理をいくつかご紹介するわけですが、別の方法で煮あげる場合も煮浸しといいます。たとえば、川魚や素焼きの小魚を多めの煮汁で煮くずれしないように、甘みのあるこいめの味で、弱火で時間をかけて煮る方法。煮汁のままで鍋に入れて、ひと晩くらいおき、味を十分に含ませるものです。子持ちの落ち鮎、あじ、やまめなどでつくりますが、もっと味をこくする甘露煮よりは、うす味という程度に煮あげるものです。

●貝割れ菜とあさりの煮浸し

〔材　料〕
貝割れ菜3パック　太根⅓本　あさりのむきみ200g
煮汁（二番だし1.5カップ　水⅔～1カップ）

〔つくり方〕
① 貝割れ菜は根元を切り落とす。
大根は4cmの輪切りにして皮をむき、縦にうす切りにしてから細切りにし、熱湯で2分ほどゆでてザルにあげる。むきみは塩を加えた水でさっと洗い、水気を切る。
② 鍋に煮汁の材料を入れて強火にかけ、煮立ったら大根を入れ、中火にして3～4分煮、鍋のわきに寄せて、むきみを入れる。再び煮立たせてアクをすくい、1～2分煮て貝割れ菜を加え、ひと煮立ちさせて火を止め、器に盛る。
※貝割れ菜と桜えびでもよい。

貝割れ菜とあさりの煮浸し

●キャベツと鮭缶の煮浸し

ツナ缶に押されて影がうすい感が否めない鮭缶は、私の世代では恋しい味の一つです。骨もやわらかくなって入っているのでそれがたまらなくおいしいのです。キャベツと相性がよいのでつくってみましょう。

〔材　料〕

キャベツ½コ（中）　鮭缶1缶　しょうがの千切り小1片分　煮汁（二番だし1.5カップ　水1と⅔カップ　酒大さじ1杯）

〔つくり方〕

① キャベツはかたい芯をとりのぞき、ひと口大のざく切りにする。

② 鍋に煮汁を入れて煮立て、キャベツを入れ、煮立ったら火を弱めて中火にし、7～8分煮る。

③ 鮭缶の中身と好みで汁もすべて入れ、弱めの中火でさらに2～3分煮る。しょうがの千切りを入れて火を止める。

※キャベツのかたさにより、煮る時間、量を加減する。

●焼きピーマンのマリネ風煮浸し

〔材　料〕

赤ピーマン大1コ　黄ピーマン1コ　ピーマン3コ　煮汁（だし½カップ　水2カップ）　好みでオリーブ油大さじ2杯

〔つくり方〕

① 3種のピーマンはそれぞれ縦2つに切り、種をのぞく。金串2本を並行に刺し、直火でうす皮が黒くこげるまで、全体をまわしながら焼く。

② 氷水にとって（色をよくする）、うす皮をていねいにむき、3つか4つに切る。

③ 鍋に煮汁を入れて煮立て、②を入れて1～2分煮てすぐ火からおろし、鍋底を氷水にあて、冷やす。

④ 保存容器などに入れてオリーブ油を加え、そのまま味を含ませ、少し時間をおく。器に盛るときに、セルフィーュなどの青味を飾る。

※オリーブ油でなければ、ごま油、好みで酢を加えてみる。

Ⅳ章

食卓を
にぎやかにする
和風のタレ三昧

和食のタレというとだれしもすぐ思い浮かべるのが、一番ポピュラーな焼きとりのタレではないでしょうか。

しかし、実際には焼きとり式にはっきりとタレと呼んでいいものは案外少ないのです。

つけて食べるタレ、できあがったものにかけるタレ、つけながら焼くタレなどが、いわゆるタレです。

この項では、さらにその範囲をひろげて割り下（煮汁）下味のタレ、漬けこみのタレ（床）、あえ衣、合わせ酢、ドレッシングまで、広義のタレとしてご紹介いたします。

1 鍋もののタレ

♥食べ方によって味つけも多様

まず鍋ものは食べ方、味のつけ方で大きく分けると次の五種ぐらいに分類できます。

・**寄せ鍋系**……吸いものより少しこいめの味つけをしたたっぷりの鍋汁で素材を煮て、汁とともに食べる。好みで薬味を添える。

・**すき焼き鍋系**……濃厚な味のタレ（割り下）で、材料を軽く煮て食べる。

・**ちり鍋系**……しゃぶしゃぶなど水炊きがこのジャンルで、鍋汁に味をつけずに、ちり酢やしょうゆごまダレなどの調味料に薬味を添えて食べる。

・**おでん鍋**……煮汁のなかに入れた材料を長時間煮て食べる。

・**みそ鍋系**……かきの土手鍋ぶり、鮭の粕鍋、石狩鍋などみそに合う材料をみその特徴をいかして食べる。

●寄せ鍋の鍋汁（煮汁）

つくり方は「関西だしの寄せ鍋」の項を参照していただきます。このだしがないときのめやすは、全体にバランスのいい材料を寄せ集めているので、おだやかな味つけをすること。吸いものの1.5倍くらいの塩味とし、うす口しょうゆと塩に分けてみます。

〔材　料〕（4人分）
だし汁7カップ　酒大さじ2杯　塩小さじ2杯
うす口しょうゆ大さじ1杯

〔つくり方〕
「関西だし」の項参照。
※少量のみりんを入れてもよい。

●すき焼き鍋の割り下（関東）

関東だしでできますので参照していただきます。

〔材　料〕

a、しょうゆ⅓カップ　酒大さじ2杯　みりん¼カップ　さとう大さじ2〜3杯　別に昆布だし適宜

〔つくり方〕

① aを合わせてひと煮立ちさせる。

② 熱したすき焼き鍋に牛脂を入れて、よく脂を出して肉を焼き、肉が半煮えのところに割り下を入れ、煮立ったら野菜、豆腐、白たきなどを入れる。

※牛脂を焼いて割り下を入れ、煮立ったところに牛肉を入れてもよい。

●ちり鍋のタレ・薬味

牛や豚肉のしゃぶしゃぶ、鶏の水炊き、たらやふぐちり（てっちり）、湯豆腐、常夜鍋など、あっさりさっぱり好みの食べ方は、つけダレや薬味にもあらわれています。コクのある定番ごまダレと最近の傾向である無国籍ダレを合わせてご紹介します。食卓をにぎわすバリエーションとしてお楽しみください。

・ポン酢（ポンスともいう）

〔材　料〕

しょうゆ⅓カップ　柑きつ類のしぼり汁⅓カップ

〔つくり方〕

材料を合わせる。

・薬　味

浅月の小口切り　もみじおろし　すだちの輪切り　おろししょうが　七味

・ごまダレ

〔材　料〕

ねりごま⅓カップ　しょうゆ（濃淡どちらでも）大さじ3杯　だし汁1カップ

〔つくり方〕

すべてを合わせてミキサーにかける。好みで酢を入れてもよい。

※関東だしをそばつゆほどにうすめて、ねりごま、みりん、さとうを加えてつくってもよい。

●バリエーション

・辛みじょうゆ

〔材　料〕

しょうゆ大さじ2杯　酢大さじ1.5杯　ラー油少々
ねぎのみじん切り　ごま油各大さじ1杯

〔つくり方〕
すべての材料を合わせてよくまぜる。

・酢みそダレ

〔材　料〕
西京みそ・信州みそ各大さじ2杯　酢・だし汁各大さじ3杯　みりん大さじ1杯　さとう小さじ2杯

〔つくり方〕
小鍋に酢以外の材料を入れてさっとねり、火からおろして酢をまぜる。

・コリアンダレ

〔材　料〕
しょうゆ大さじ3杯　酒・みりん各大さじ1.5杯　さとう小さじ1杯　すりごま・ねぎのみじん切り各大さじ1杯　コチュジャン小さじ2杯　おろしにんにく少々

〔つくり方〕
すべての材料をまぜ合わせる。

・ピリ辛ダレ

〔材　料〕
豆板醤小さじ1杯　関東だし50mℓ　水150mℓ　一味唐辛子少々　酢50mℓ　炒りごま少々　ごま油大さじ3杯　にらのみじん切り大さじ3杯

〔つくり方〕
すべての材料をまぜ合わせる。

●みそ鍋の鍋汁（ねりみそ）

かきの土手鍋用の鍋汁は、まずねりみそをつくり、土手のように塗って昆布だしまたはだし汁を入れて好みの味（みそ汁よりは少しこいめがめやす）にして煮ていくものです。

〔材　料〕
西京白みそ・赤みそ各1/3カップ　さとう・酒・水・みりん各大さじ2杯

〔つくり方〕
材料のすべてを鍋に入れて、まぜ合わせてから火にかけ、ねり合わせる。ねりぐあいはもとのみそのかたさになるまでをめやすとする。

※赤みそだけの場合はさとうをふやす。また甘さは好みなので加減する。土手鍋の場合は、鍋のふちにこのみそをぐるりと塗り、材料を入れ、昆布だしで調節しながら煮ていく。

2 刺し身のタレ

♥いつもの味を変身させる

刺し身は、一般的には生じょうゆをそのまま使い、手を加えたものとしては土佐じょうゆがあります。

他に梅肉やみそなどを使っていくとタレらしく、変化がでて楽しめますが、あくまでも素材とのバランスです。この頃は刺し身もお手軽になって、手抜き料理ナンバーワンといわれていますので、せめてタレの工夫をして、変身術を身につけましょう。

●土佐じょうゆ

〔材　料〕

a、しょうゆ½カップ　　かつお削りぶし5g

〔つくり方〕

鍋にaを合わせて弱めの中火にかけ、煮立ったらこす。

※酒小さじ2杯、みりん小さじ1杯を加えてもよい。かつお、まぐろの刺し身の他、冷や奴、湯豆腐にも。

●辛子みそダレ

〔材　料〕

みそ（信州みそ系）100g　　さとう大さじ3杯　　酢大さじ3.5〜4杯　　ねり辛子小さじ2杯

〔つくり方〕

みそをすり鉢に入れ、さとうを加えてよくまぜ、酢でのばしてとき辛子を加える。

※別の方法は、みそ、さとう、酒大さじ1杯、卵黄1コをまぜ、湯せんにかけてもとのみそのかたさまでねり、火からおろして酢でのばし辛子を加える。ぬたや川魚の刺し身のタレにするが、家庭ではつくってすぐ食べるので、加熱しなくてもよい。

●ポン酢（ちり酢）ダレ

鍋ものにも使うのでちり酢ともいいます。ここではタレとして調合したレシピをご紹介します。

・ポン酢ダレ

〔材　料〕

しょうゆ・柑きつ類のしぼり汁各⅓カップ　　もみじおろし大さじ2杯　　浅月小口切り大さじ1杯　　みりん小

さじ2杯

〔つくり方〕

すべてをまぜ合わせる。

※みりんは煮きっていればなおよい。柑きつ類の酢はおだやかな味なので、少し酢を加えることもある。

●加減じょうゆ

塩で軽くしめた白身魚（きす、甘鯛など）を細切りにしたお刺し身の上にかけて供すときのソース。お茶事のときなど、つけじょうゆ用の猪口を使わないでいただく場合に向きます。

〔材　料〕

うす口しょうゆ大さじ2杯　こい口しょうゆ大さじ3杯　柑きつ類のしぼり汁大さじ2杯　だし汁大さじ5杯

〔つくり方〕

すべてをまぜ合わせる。レモン、ライムの汁なら少なめに。うす口しょうゆのみでもよい。

●煎（い）り酒

聞き慣れない用語かと思いますが、じつはお刺し身用のつけじょうゆなのです。

酒のアルコールをとばして、だしの香りと梅干しの酸味をほんのりつけた、昆布じめ専用の上品なソース。昔ながらのすっぱくて色のついていない梅干しを使ってていねいにつくります。

〔材　料〕

酒・水各1カップ　昆布5㎝角1枚　梅干し3～4コ　うす口しょうゆ大さじ1.5杯　かつお削りぶし10g

〔つくり方〕

① 鍋に酒を入れて煮立たせ、火をつけてもやしてアルコール分をぬいて、煮きり酒にする。

② ①に水、昆布、少しつぶした梅干しを種ごと入れ、弱火で15分煮る。

③ 梅の酸味が浸出したら、うす口しょうゆと削りぶしを入れ、さらに弱火で5～6分煮て、こす。

●梅肉しょうゆ

梅肉あえにするなら、良質の梅干しをたたくか裏ごすだけで、少量のこい口しょうゆを入れて調節すれば簡単なあえ衣ができあがります。好みでそれをみりん、酒などでのばして、タレとして上にかけることもできます。

梅肉しょうゆは刺し身用なのでもう少しうすくなり、たこやはもに使いますが、こだわらずに使ってみましょう。

〔材　料〕

梅干しの裏ごし大さじ3杯　　みりん大さじ1杯　　加減じょうゆ大さじ3～4杯

〔つくり方〕

材料をまぜ合わせる。

3 ドレッシング

♥和風だしをサラダに活用

鍋もののタレ、刺し身タレ、合わせ酢、あえ衣とこの項でお話ししていますが、広義の上ではドレッシングあるいはソースといえるものです。

ここではだしとオイルを使うドレッシングをいくつかご紹介します。

●チリ酢ドレッシング

さっぱりしているので新キャベツときゅうりの千切りサラダなどに向きます。

〔材　料〕

米酢・しょうゆ各½カップ　　だし¼カップ　　柑きつ類のしぼり汁小さじ1.5杯　　塩少々　　さとう少々　　ごま油またはサラダ油½カップ　　ラー油少々

〔つくり方〕

すべてを順にまぜ合わせる。

※オイルは一番最後に入れる。とくに塩、さとう、ねり辛子などとけにくいものが入る場合は、先にだしや酢でといてオイルを加える。

●ごまドレッシング

人気のある万能和風ドレッシングです。

〔材　料〕

白炒りごま大さじ5杯　さとう大さじ1杯　だし汁大さじ2杯　酢大さじ3～4杯　塩小さじ⅓杯　しょうゆ大さじ2杯（濃淡いずれも可）　ごま油大さじ2杯　サラダ油大さじ3杯

〔つくり方〕

ごまは炒って、手ですりつぶして半ずり状にし、他の調味料を加え、さとう、塩をとかしてからオイルを加える。

●カレードレッシング

ドレッシングの中にカレー粉を入れますが、だしの味が入ることで、和風の感じがでます。野菜のなかでも、カリフラワー、セロリ、みょうが、小たまねぎをゆでて漬けこみます。焼きもののつけ合わせや、お弁当、酒肴につくりおきができておいしいものです。

〔材　料〕

カレー粉大さじ1杯強　だし汁¼カップ　たかのつめ2本　さとう大さじ3杯　塩大さじ½杯　酢½カップ　サラダ油⅔カップ

〔つくり方〕

酢、さとう、塩、だしを合わせて、とかしてから、カレー粉を加えて泡だて器でまぜ、洗ったたかのつめをまるごとと、サラダ油を加えてまぜ合わせる。

●辛子ドレッシング

塩もみキャベツをしんなりさせたものとツナ缶をほぐしてあえるなど、魚類に合うホットで親しみやすいドレッシングです。

〔材　料〕

粉辛子大さじ2.5杯　だし汁大さじ5杯　酢大さじ3.5杯　さとう小さじ1杯　おろしたまねぎ大さじ2杯　塩小さじ½杯　サラダ油大さじ5杯

〔つくり方〕

粉辛子をだし汁でといて、材料を順に合わせる。

※野菜を塩もみする塩分によりドレッシングの塩を考慮する。

リネしたりするのに向く。だしが多いので、かけるよりは漬けこむものに合う。

●南蛮漬けのドレッシング

〔材　料〕

酢½杯　だし汁⅓カップ　しょうゆ・さとう各大さじ3杯　塩少々　ごま油・サラダ油各大さじ2.5杯　赤唐辛子の輪切り2本分

〔つくり方〕

すべてを順に合わせる。またはオイルをのぞいた調味料を煮立ててさまして、オイルを加える。

●和風ドレッシング

粒こしょうの粗びきを入れたひと味ちがったうす味のドレッシングです。

〔材　料〕

酢½カップ　だし汁1.5カップ　塩小さじ2杯　うすロしょうゆ（またはこい口）大さじ2杯　黒粒こしょう少々　サラダ油・ごま油各大さじ4杯

〔つくり方〕

調味料を順に合わせ、こしょうをひいて加え、2種のオイルをまぜる。

※塩をしてしんなりさせたうす切り大根、かぶなどをマ

4 合わせ酢とあえ衣

♥もう一品というときに

あえもの、酢のものはお料理屋さんでは先付や前菜になったり、濃厚な料理のあとの口清めの役割をしたりという存在です。

ここでは万能二杯酢とねりみそを2本柱としてご紹介しますので、万能だしとともにご愛用ください。

●合わせ酢の種類

まず、合わせ酢の基本をふまえて、万能合わせ酢の理解に役立てましょう。

・**二杯酢**＝酢、しょうゆを同量または半量と塩を合わせたもの。甘くないので魚介類に合い、酒肴向き。

・**三杯酢**＝二杯酢に甘みを加えたもの。しょうゆはうす口の場合もあり、甘みはみりんとさとうのいずれかを加える。用途は二杯酢に近いが範囲はひろがる。

・**甘酢**＝酢、さとうを同量に塩味をつける。だしか水でうすめることもある。

・**土佐酢**＝三杯酢に削りがつおを加えて、煮立ててこしたもの。

●万能合わせ酢

〔材　料〕

米酢3/5カップ　水・だし汁各1/3カップ　うす口しょうゆ大さじ3杯　酒大さじ2杯　さとう小さじ1～1.5杯　昆布5cm角1枚　削りぶし5g

〔つくり方〕

すべてを小鍋に入れ、煮立ったら火を止めてこし、さまして保管する。だし類が入っているので冷蔵庫保管し、夏は3日で使いきる。

これをベースに料理、素材、用途（おかずか酒肴かなど）に応じ、こい口しょうゆ、さとう、みりん、酢を加えてみます。

ごま酢あえなら、すりごま、ねりごまを加える（たたきごぼうにも使えます）。白あえなら、豆腐と合わせてミキサーにかける。おろしあえなら大根おろしを加えるなどなど、およそ家庭でつくる範囲の酢のものに応用ができるのです。ごま油、サラダ油を加えてドレッシングにしてもよいでしょう。

●ねりみそ（あえ衣）

あえ衣は合わせ酢に比べると「衣」そのものにかなりボリュームがあって、豆腐の白あえなどに代表されるように「衣」を食べる要素が強くなります。

ここでは一番応用範囲がひろいと思われるねりみそ（玉みそともいう）をご紹介します。

ねりみそはあいかわらず人気のおとろえない、ふろふき大根、田楽、魚のみそ焼き、酢みそあえ（木の芽あえも）など、あちこちに使いまわせます。

加熱するので冷蔵庫で半月ないし1カ月間保存できます。

〔材　料〕
西京白みそ200g　みりん・酒各小さじ2杯　水大さじ2杯　さとう小さじ1杯　ねりごま小さじ1杯　卵黄1コ

〔つくり方〕
材料すべてをまぜ合わせ、ごく弱い火または湯せんにして気長にねりあげる。めやすはもとのみそのやわらかさになるまで。急がず気長に、湯せんでなければ、魚焼きのあみの上にのせてねりあげる。

※このみそにすり鉢ですった木の芽をまぜれば、木の芽あえ。さらに生のみそと酢とねり辛子を加えて、辛子酢みそあえに。いわしなどをお刺し身でいただくときには、少量のだし汁でといて、ゆるめの辛子酢みそのソース状（タレ）にして、猪口に入れてすすめる。

※応用編

現代版あえ衣といえばマヨネーズに替わった感がありますが、断絶させたくないあえ衣に白あえ、白酢あえがあります。

●白あえ・白酢あえの衣

精進料理に多く用いられます。あえ衣をたっぷり食べる代表で、豆腐を1丁使います。夏場はいたみやすいので、酢を入れて白酢あえといい、これも下ごしらえした野菜類にぴったりです。

〔材　料〕
もめん豆腐1丁　万能合わせ酢80～90㎖　うす口しょうゆ・さとう・ねりごま各小さじ1.5杯　だし汁少々

〔つくり方〕
もめん豆腐はさっと熱湯をくぐらせ、清潔なふきんやペーパータオルに包み、まな板にはさんで水気をしぼる。半分以下の厚みになったら（2時間くらい押す）、もう一度かわいたふきんで水気をふき、ミキサーに入れ、残りの調味料を加えて数秒回転させ、なめらかな状態にする。豆腐の水気を切りすぎたら、だし汁でのばす。

※白あえのほうは万能合わせ酢を入れず、水気をしぼった豆腐をすり鉢ですり、さとう、塩、ねりごま少々、白みそ（なくてもよい）、うす口しょうゆ各少々を加えたもの。白酢あえはグリーンアスパラガスなどの洋野菜にもよく合う。マヨネーズを好みの量だけプラスしてもよい。

■参考文献■

『現代日本料理技術事典』（ジャパンアート社）
『実用調理便覧』（ジャパンアート社）
『おつゆもの』（辻　嘉一著、婦人画報社）
『食べものはじめて物語』（永山久夫著、河出文庫）
『上田フサのおそうざいの手ほどき』（上田フサ著、女子栄養大学出版部）
『専門料理』（一九八四年十一月号・一九九二年十二月号　柴田書店）

著者紹介

千葉道子（ちば みちこ）

料理研究家。和食を中心とする料理教室を主宰。「元気に生きる源泉は食にある」を持論とし、日々の食事の大切さを説く。

早くから食育にも関心をもち、食育は大人側の問題であると提起し、旧教室生を中心とした食の学び場「食育ネットワーク」を発足、運営。「もっと知りたい、つくりたい」を基調とする学習活動を続けている。長年、朝日カルチャーセンター料理教室講師も務めた。また、NHKテレビ「ためしてガッテン」でも、だしをテーマにした番組にゲスト出演した。

主著『だしの本』『時短料理の本』『簡素な食事の本』『四季のみそ汁』以上農文協。『おかず歳時記』（小学館）、『料理上手の知恵ごはん』（家の光協会）、『めんつゆでおかず自由自在』（世界文化社）など。

新 だしの本
―毎日のだしから、めんつゆ、濃縮だしまで―

1993年3月20日　初版第1刷発行
2007年9月20日　初版第22刷発行
2018年3月15日　新版第1刷発行

著者　　千葉道子

発行所　一般社団法人　農山漁村文化協会
郵便番号107-8668　東京都港区赤坂7丁目6―1
電話 03(3585)1141(営業)　03(3585)1144(編集)
FAX 03(3585)3668　振替00120-3-144478

ISBN978-4-540-17196-3　　印刷／藤原印刷(株)
〈検印廃止〉　　製本／根本製本(株)

定価はカバーに表示
Printed in Japan　　乱丁・落丁本はお取り替えいたします